散戶進化入門

致富必學的投資思維

徐世鑫（棒喬飛）◎著

第1章 透過經典剖析投資

第2章 洞悉股市發展歷史

第3章 解決個人投資困境

目錄

第4章 攜手邁向未來成長

用科學與邏輯來理解股市投資

　　十幾年前剛開始投資台灣股市時，我也是懵懵懂懂的，先從翻財經雜誌與看財經媒體找投資標的，到買書研究各種技術指標分析，大賠過後又開始嘗試理解產業與研究企業財報，甚至嘗試做指數選擇權，希望可以找到一個投資勝率高的方法。

　　但現實上是，每一種方法都只有一開始好，過了一陣子，很快就會發現不適合或是受局限的地方。即使把多種方法綜合起來用，也沒有比較有效，反倒是把投資變得愈來愈複雜，導致有段時間完全放棄了股票投資。

　　但我清楚知道不能不投資，因為銀行裡的錢會貶值。一開始投資股市是想用輕鬆的方式賺到更多錢，早日享受更好的生活，但投資虧損的次數多了後，會寧願把錢放銀行存好或乾脆花掉，也不要讓錢在股市裡平白不見，但就要面對財富累積得非常慢，甚至是因通膨而貶值的問題。

　　直到後來接觸了指數化投資方式，才讓我對股市投資的觀念與目標大大地改觀，對於股市投資又重新獲得了信心。指數化投資不是一個讓你從股市快速獲利的方法，也不是教你如何讓每一筆買賣都賺錢的方式，它更像是一種能夠適應各種景氣情況的投資策略。

　　這個投資策略不研究避免虧損的方式，而是提供一套能面對各種景氣變化的投資方式，執行簡單、所費時間很少，在任何景氣環境都可以套用同樣的方法，長期執行下，可看到資產能相對穩定的成長。

　　喬飛在 45 歲就用存個股領股利的方式達到財務自由了，他大可繼續用這一套對他而言已經成功的方式繼續下去，可是經過他持續的探索投資知識後，他決定將他投資個股的方式，改採用指數化投資方式，開始投資 ETF。

　　喬飛提到，要從一個已經實際運作成功的存個股投資方式，改變為存市值型 ETF，其中的心理障礙是滿有挑戰的。首先就要面臨能領的股息減少、錢不夠用還需要賣股票的兩大心理障礙，這點在書裡會分析給讀者了解。

書中有一段我認為是很特別的，喬飛已經出版過一本書，內容是教大家如何存股領股利，但他這本書又勇敢的用新學習到的知識，重新來檢視過去那本書的內容，指出其優點，與 3 點不足之處，也解釋了他後來會採用指數化投資的理由。

　　我認為能夠重新審視自己過去成功的經驗是非常難得的，過去的存股領息方式已經讓他成功的財務自由，年領百萬股利了，是什麼樣的原因與理由，會讓他願意採用指數化投資，並認為這是一個更好，或是更能讓他接受的投資方法呢？我們就從這本書裡來獲得他投資心態轉換的關鍵吧。

《ETF 存股》系列作者

投資需要不斷學習與探索

為什麼會有那麼多理財的問題困擾著我們？為什麼那麼多投資達人、各種投資方法，對我都沒有實際上的幫助？每個達人都有一套理財哲學，但是我們卻使用科學的方法來研究股票，股票到底是科學還是哲學？

這本書並沒有像我上一本書《傻多存股法》一樣，教你用什麼方式靠投資賺錢，反而是在探討我們應該用什麼樣的方式來從事投資理財的行為。用哲學來投資會有什麼問題？用科學來投資又應該如何執行？

有錢可以帶來財富自由，就像擁有一輛汽車可以實現移動自由的目的。市面上許多理財書籍或課程教你如何自行打造一輛「車」，再靠它達成移動自由。然而這本書不教你怎麼打造車子，反而像是在跟你講歷史故事，跟你講福特汽車是如何使用生產線的方式製造出首款廉價且可靠的汽車。我的想法很簡單，如果美

國已經開始用生產線在製造價格低廉而且品質穩定的汽車，為什麼我們現在卻還在學如何自己手工打造汽車？

從學校畢業到中年達到財富自由的這段人生旅程，讓我獲得了豐富的投資知識和經驗。而我也逐漸打造出了自己使用多年的投資系統——傻多存股法。這套方法結合了價值投資和長期投資的優點，融合了我多年的研究和實踐，對我而言是一套成功的投資策略。

為了將這套方法和觀念分享給更多人，我寫成了《傻多存股法》這本書，不僅是我個人的經驗分享，也是我對於投資這個領域的理解。

然而，隨著持續的研究，我愈發感受到自己的不足。而且在這個充滿投資達人和方法的時代，當我發現自己僅是眾多達人中的一員時，我開始反思自己的投資觀念。

我深入研究了其他投資達人的投資策略，發現讀者通常很難在短時間之內理解和學習這些方法，也無法從中得到實質的收益和幫助。

這些書籍可能只是所謂的「成功學」書籍，讀者難以跟隨成功者的腳步，實現自己的財務目標。而我也開始對自身的這套成功學感到懷疑。如果我的成功只是偶然，只是幸運，那我如何將我過去的成功經驗複製到我的未來？如果我自身都無法複製，更遑論複製到讀者身上。

　於是我開始尋找解決這個問題的答案。我深信，要真正地解決一個問題，必須尋找它的根源；真正的答案不能僅僅是一種技術或策略，而應該是一個更深層次的哲學問題。

　因此，我決定從哲學的角度來研究投資，探索其根本原因和解決方案。投資到底是一門哲學，還是一門科學？

　如果是哲學，那就應該學習透過不同的方法，找出屬於適合自己的投資哲學；如果投資是科學，那就應該以科學的方法來進行研究。很幸運的，我找到了答案，我也將這個發現寫成此書，和讀者分享。

　在這本書中，我們將深入探討科學的發展歷程，從傳統哲學到現代科學的轉變，以及這個轉變背後的原因和因素。我們也將透

過宗教、科學家、哲學家與歷史學家的角度，對於當今台灣投資環境與投資人的投資行為進行分析。透過這樣的審視過程，可以讓我們了解，我們所進行的投資行為和決策，在先聖先賢的眼中，到底是什麼樣的行為。

我相信，投資是一種不斷學習和探索的過程。這本書講述了為什麼目前的投資環境無法累積知識，而我也希望我的書能夠啟發和幫助更多人，使用正確的方法來加入這個知識累積的過程。

本書第1章闡述了科學精神的概念和重要性，其中部分的例證、精神與靈感來源，是受到國立臺灣大學哲學系王榮麟教授在臺大開放式課程的「哲學概論」課程（http://ocw.aca.ntu.edu.tw/ntu-ocw/ocw/cou/101S114）中的觀點和論述所啟發。

在此，我要感謝臺灣大學和王榮麟教授對台灣哲學教育的貢獻，讓我對科學精神有更深入的認識。也感謝王榮麟教授同意本人引用部分論述與觀念，促使我完成這本著作。

期望這本書能讓更多人對投資領域有正確的學習觀念，不要再以賭博、碰運氣或是試試看的心態來從事投資行為，讓更多人能

以更嚴謹和嚴肅的態度來面對投資問題。

　　也由於本人才剛開始踏入哲學這個學術領域，所以對於哲學這方面的專業知識與認知可能有所誤解與錯誤，還請學術先進不吝指教。

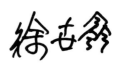

投資是哲學還是科學？

在現今社會，各種理論、學說、方法和論點不斷湧現，這些資訊不僅讓人感到困惑，更混淆了人們的認知。若我們想進行投資，就要先搞清楚投資是怎麼一回事。更簡單的說，投資這樣的行為，到底是哲學還是科學？

看起來好像是哲學。因為市面上每位理財達人或是投資專家，每個人都有一套自己的投資哲學。每個人各有特色，專注領域也不一樣。可是投資好像也是一門科學，因為在技術分析、財務報表或資料統計，都會需要使用到數學。

所以這本書就是要讓各位釐清各種讓你疑惑的投資問題，讓你的投資觀念重新獲得整理，讓混亂的世界重新恢復秩序。投資世界有了秩序，一切有了依循，那做起事情來就有條理而不會混亂了。有了這樣的願景和目標之後，就讓我們一步一步開始，釐清這個投資世界。從不同角度、不同歷史人物的觀點來思考科學精

神的真義。

如果投資是哲學，那或許就解釋了這個複雜的投資環境，為什麼每個人都有一套自己的投資哲學了。

另一方面，我們也可以來研究投資是不是科學。如果投資行為具有科學精神，那就可以說投資是科學而不是哲學了。如果投資行為不符合科學的定義，那投資就是哲學。

哲學最簡單的理解就是宗教信仰了。佛教說：「善有善報，惡有惡報」，這解釋了我們活著的世界有因果關係——你做了好事，就會有好的回報；惡人做了壞事，必定遭受不好的結果。

那投資的世界也是有因必有果嗎？有了好的業績，好的產業前景，股價就必定上漲嗎？好像不是這樣吧？如果股市有因必有果，有好的消息，股價就上漲；公司有壞消息，股價就必定下跌，那這世界上就不會有人因為股票賠錢了。

這樣看起來，你真的相信，投資的世界裡有因必有果嗎？

第 1 章

透過經典剖析投資

1-1 應用科學家觀點看投資── 愛因斯坦與因果決定論

　　投資是不是一門科學？如果投資是科學，我們就不能不試著用科學家的角度來理解這個問題。

　　阿爾伯特‧愛因斯坦（Albert Einstein，1879 年～ 1955 年）是世界公認 20 世紀最偉大的科學家之一，我想透過他的成就以及他的世界觀，來探索投資是否為一門科學的可能性。愛因斯坦是猶太裔理論物理學家，出生於德國、擁有瑞士和美國國籍。他的學習歷程充滿了挑戰和激勵，以下是愛因斯坦學習與研究歷程的重要里程碑：

　　1. 童年及中學時期：愛因斯坦自小受到良好的家庭教育，中學時期就表現出對數學和物理學的濃厚興趣。

　　2. 蘇黎世聯邦理工學院（ETH Zurich）：1896 年愛因斯坦進入瑞士的蘇黎世聯邦理工學院學習物理學，雖有發表論文，但並

未對科學界帶來重要貢獻。

3. 蘇黎世大學：愛因斯坦在蘇黎世大學攻讀博士學位時期，於
1905 年發表了 4 篇論文，這些論文被認為是現代物理學的里程
碑，分別介紹了光電效應、布朗運動、狹義相對論，並提出了著
名的「E = mc²」公式。

愛因斯坦在 1914 年回到德國，擔任威廉皇家物理研究所的第
1 任所長（1914 年～ 1932 年），同時兼任柏林大學教授，但
已經不再需要執教。1915 年，他完成了廣義相對論。1921 年
因為對於光電效應的研究，愛因斯坦獲得了諾貝爾物理學獎。

這些成就顯示出一個非常簡單的道理：不管是天資多麼優秀的
人才，也是需要經由教育系統的培養和自我的學習，才能成為一
位偉大的科學家。

有因必有果，成功不是靠機率

愛因斯坦說過這樣的話：「我已經多次說過，在我看來，（存在）
人格化的上帝的想法是幼稚的。」愛因斯坦也相信有上帝，但是

他心中的上帝，不是那種一般人認為，有著類似人類人格的上帝。

愛因斯坦的宗教觀體現了他在科學研究中的獨特觀念、思想，以及與這個世界互動的態度。他堅定地相信每一件事情的結果都必定有其背後的原因，所以愛因斯坦認為，成功的原因必然會有成功的結果。

他說過一句廣為人知的名言：「上帝不擲骰子。」這短短的幾個字，道出了因和果的關係。有因必有果，成功不是靠機率。

所以他相信因果決定論。換言之，如果兩件事情存在相同的原因，則它們必定會有相同的結果。而因果決定論的概念可以由以下說明來講述（註1）：

1. 存在相同的原因，必定有相同的結果

以撿起一顆石頭並讓它從手中落下為例，因果決定論認為石頭往下掉落是因為你鬆手造成的，而這一結果是必然的，每一個人

註1：觀念來源：王榮麟；臺大開放式課程「哲學概論」單元25〈自由意志〉0時25分處。

都無法避免。也就是說，只要存在相同的原因，就必定會有相同的結果。

2.不同的結果，必定由不同原因造成

這時就會有人產生懷疑了。當我們看到一片樹葉飄動時，有些人可能會開始懷疑，因為樹葉的飄動方向有時候會向上，有時候

會向下，有時候會向旁邊漂移後落下。

　　在這個例子中，有 33% 的機率會向上飄，33% 的機率會向下落，33% 的機率會向旁邊漂移然後落下。這個例子告訴我們，即使是同樣的原因也可能會產生不同的結果，因此因果論似乎是錯的？

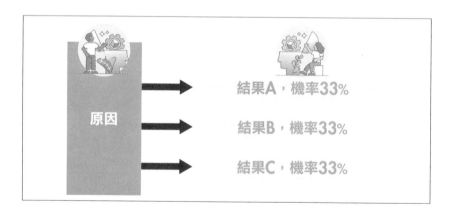

　　可是在因果論描述的世界裡，沒有機率這件事情。如果一樣的因，造成機率性不同的結果，那就表示上帝擲骰子。所以愛因斯坦也不會相信有機率這件事情，他認為事出必有因。當一項實驗使用相同的因，卻產生了不同機率的結果，表示這個實驗沒有把所有會影響結果的原因找出來。

3.掌握所有影響結果的原因，才能獲得100%正確結果

比如剛剛的實驗，大家應該都知道，影響手中葉子運動方向的，就是空氣的流動。眼睛看不見的氣流，也就是風。

原本的實驗觀察是這樣：

實驗①：手中握著樹葉➡鬆手➡樹葉往上飄的機率 33%。
實驗②：手中握著樹葉➡鬆手➡樹葉往下掉的機率 33%。
實驗③：手中握著樹葉➡鬆手➡樹葉往旁邊飄的機率 33%。

我們把風的因素考慮進去之後，就得到這樣的結果：

實驗①：手中握著樹葉➡鬆手➡風往上吹➡樹葉往上飄的機率 100%。
實驗②：手中握著樹葉➡鬆手➡沒有風➡樹葉往下掉的機率 100%。
實驗③：手中握著樹葉➡鬆手➡風往側邊吹➡樹葉往旁邊飄的機率 100%。

可以表示成這樣：

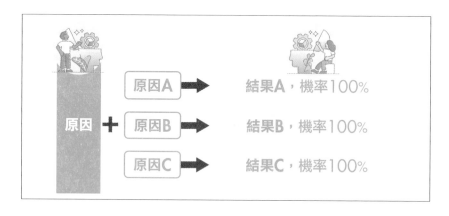

所以，如果你找到所有影響實驗和造成不同機率結果的原因，那你就能得到 100% 正確的結果。

你必須相信這樣的事情，你才能從事科學研究。否則一切的研究和實驗都是機率問題，若是一樣的原因會造成不同結果，那麼科學家會永遠找不到真正的答案。

現在你的行為，是由過去所決定

簡單說，因果決定論就是「現在你的行為，是由過去所決定」。

舉個生活上的例子（註2）：

你現在的狀態 B，已經由過去運行的定律 A，和你過去的狀態
A 所決定了。

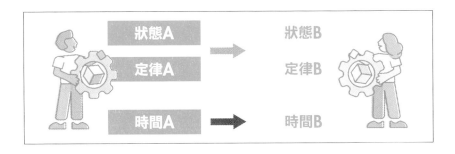

譬如狀態 A 是你下樓梯時絆倒，定律 A 是萬有引力定律，時
間 A 是下午 1 點。

所以在下一秒（時間 B）、下午 1 點 0 分 1 秒的時候，因為
萬有引力定律 B 不變，所以你的狀態 B 就是跌下樓梯。除非能改
變定律 B 或時間 B，否則你的狀態 B 就不會改變。

也就是說，你現在的狀態，是由過去的狀態所決定。

註 2：觀念來源：王榮麟；臺大開放式課程「哲學概論」單元 25〈自
　　　由意志〉1 時 6 分處。

此刻每個決定，都有可能改變未來

　　未來是否已經被決定了呢？我還有必要繼續努力嗎？畢竟，若所有事情都已經被預定了，我的努力又有何意義呢？幸好，實際上並非如此，因為我們擁有自由意志，可以透過自己當下的選擇，改變未來的結果。我們所做的每個決定都會成為當下的原因，而這些因素將會對未來產生影響，就像你現在閱讀這本書一樣。你的想法和決定都將成為種下未來成果的種子，因此你的每個選擇都能夠改變未來的結果。

　　拉普拉斯（Pierre-Simon Laplace，1749 年～ 1827 年）是法國著名的數學和物理學家。他認為，如果我們能夠掌握所有的事實和定律，那麼我們就能夠精確預測未來世界的發展。也就是說，對於每一個事件，只有一種可能性，而這個可能性可以透過已知的事實和定律來預測。

　　舉例來說，如果我們知道當地的氣象數值，並且了解天氣運作的定律，那麼我們就能夠預測未來幾天的天氣狀況。例如，如果我們知道當地的溫度、濕度、風向和氣壓等氣象數值，並且了解這些因素如何影響天氣，那麼我們就可以預測未來哪一天會放

晴，哪一天會下雨。

　　在我們的日常生活中，當我們面對一個事件時，往往會想知道事件發生的原因，也就是因果關係。例如，在發生車禍時，警察會調查事故現場，記錄事故原因，以便找出造成事故的根本原因，進而避免類似事件再次發生。如果警察告訴你，我也不知道車禍原因和責任歸屬，這你能接受嗎？另外，當一對情侶之間分手時，很多人會想知道分手的原因，如果對方不告訴你分手的原因是什麼，你是不是就痛苦不堪？所以原因很重要，對吧？

　　因果關係對我們來說非常重要，它可以幫助我們理解事件的本質，並找到解決問題的方法。例如，醫師在診斷疾病時，會詢問患者的生活習慣、個人病史及家族病史等，以便找到疾病的根本原因，從而制定更有效的治療方案。

　　因果論對於科學研究來說的確是一個重要的基礎，因為透過探索因果關係，我們可以理解世界運作的規律，進而推導出自然界的定律。不過，科學家之間對於因果關係的看法並不完全一致。例如，量子力學的哥本哈根學派認為，因果關係可以被看成是機率，也就是說，某些現象的發生不一定只有單一的因素，而是有

多種可能性，其中的機率不一樣。因此，科學家之間有時會就因果論展開激烈的辯論和爭議，不斷地探索、檢驗與修正理論。

想提高投資成功機率，正是一種科學精神思維

　　每個人在投資上所做的決策，都是由過去的知識、經驗、個性、價值觀等因素所形成，這些因素會影響個人的風險偏好以及對投資的態度。例如，一個積極的投資者可能更願意承擔高風險以追求更高的報酬，而保守的投資者可能更傾向於保護資產並減少風險。所以性格上的「因」，就會造成投資商品選擇上的「果」。

　　而股票的漲跌，也是受到財務營收、新聞、炒作、投資人心理狀態等原因所影響。所以投資也好像有因果關係的，對吧？

　　或許有人會反對說，不要跟我說未來，我們人類當下現在的能力有限，又無法掌握所有的原因，所以必然會得到不確定的結果，不是嗎？這樣說沒有錯，可是如果我們把思維設定在「確定世界萬物有因必有果」，那對於不確定因素的處理和思考方向，就會從「那些無法控制的就憑運氣」轉變成「我要想辦法提高準確機率」。這樣的思維，不也就是具有科學精神的想法了嗎？

可以確定的是，光靠因果關係好像還是無法解釋投資的世界到底是科學還是哲學，因為科學家和宗教好像都相信因果關係。所以世界到底是如何運作的呢？讓我們繼續看下去，看看到底是怎麼一回事。

1-2 應用哲學家觀點看投資──胡適、波普求證的方法

投資是不是一門哲學？我想也得試著從哲學家的角度去理解。以下分別從中國近代著名思想家胡適（1891 年～ 1962 年）曾提出的説法，以及 20 世紀最重要的哲學家之一波普（Sir Karl Raimund Popper，1902 年～ 1994 年）的思想來探討。

胡適生於中國，1915 年進入哥倫比亞大學攻讀哲學系，師從美國實用主義哲學家約翰·杜威（John Dewey）。胡適提倡白話文運動，是當時中國新文學運動的領導人物，曾任中國的北京大學校長、台灣中央研究院院長等職。他曾説過：「大膽的假設，小心的求證。」和「有幾分證據，説幾分話；有七分證據，不能説八分話。」

美國鑑定專家李昌鈺博士也發表過相同的看法：「讓證據説話。」「有幾分證據，説幾分話。」所以大家應該都認同，科學需要證據的支持。

在寫作上，「文學作品」和「科學假說」有著不同的要求。文學作品可以藉由想像力、情感和經驗創造出豐富的故事，而不需要考慮是否有證據的支持。你不會要求 J. K. 羅琳（J. K. Rowling）對哈利波特的魔法是否真實存在這世界上提出證據吧？但科學假說則需要有實驗數據的支持，才能被視為有價值的發現。

科學家需要進行系統性的研究，使用科學方法來檢驗假說是否成立，才能獲得有力的結論。因此，一個沒有實驗數據支持的假說，只能算是一篇文學作品，缺乏科學上的價值。要發表一個科學假說，必須慎重且嚴謹地進行研究，才能得到其他科學家的認同和支持。

胡適》大膽假設，小心求證

沒錯吧？科學的本質就是透過證據來支持論點，並透過實驗來驗證假說的正確性。沒有實驗數據的假說只是一個純粹的猜測，缺乏科學依據。科學家必須謹慎地使用證據，並避免隨意猜測或臆測。因此，科學家需要擁有嚴謹的研究態度和專業的方法，並以實驗數據為依據，進行理性的推論和判斷，這樣才能確保科學

研究的可靠性和可信度。

中國近代的重要思想家梁啟超曾在一場著名演講「科學精神與東西文化」說過：「有系統之真知識，叫做科學，可以教人求得有系統之真知識的方法，叫做科學精神。」

如果你也認同投資是一門有系統性的知識，那麼對於所接觸到的事物，是不是也應該用科學精神去求證？

例如，當你看到這樣的說法：「因為晶圓市場需求旺盛、產業前景佳、台積電（2330）營收愈來愈好，看好台積電未來股價會上漲。」就要去判斷產業前景、市場供需與股價是否一定會上漲等因果關係，並且檢視台積電的營收表現、晶圓市場供需及產業狀況等資訊，盡可能收集證據來確定真有其事，才能據此做出合理的投資決策。如果是道聽塗說，聽信沒有證據的小道消息而進行的投資行為，根本就跟賭博沒有兩樣。

所以你應該也會同意，投資行為應該要有科學精神吧？「大膽假設，小心求證」，和研究科學一樣，講求證據，不可以聽信小道消息就任意投資。

接下來再從其他角度，看看另一位哲學家怎麼說。

波普》用「可否證性」原則分辨真偽科學

波普出生於奧地利，猶太人，被認為是 20 世紀最偉大的哲學家之一。傳統的科學使用了經驗主義，以及觀測後歸納這樣的方法，而波普對於科學的哲學思想重點，在於理性的批判。

在「觀察後歸納」這種科學方法中，人們通過感官的認知來歸納出結論，然後將這個歸納後的結論作為我們的知識。比如，我們看到烏鴉是黑色的，別人看到的烏鴉也是黑色，沒有人看到白色的烏鴉，所以歸納出烏鴉都是黑色的結論。

而同樣的方式運用在綿羊上就會發現，我們一開始看到白色的綿羊，認為綿羊都是白色，直到我們發現了黑色的綿羊，然後才顛覆了「綿羊一律是白色」的這個認知。這種方法雖然有時可能會出現偏差或誤判，但它是科學方法中不可或缺的一環，幫助我們從實證的角度來認識和理解世界。

所以，你如果想要證明「綿羊是白色的」這個論點是否正確，

你會不斷地去尋找白色綿羊來證明這個論點是對的？還是你會去找一隻黑色綿羊來證明這個論點是錯的？由於不斷的尋找白色綿羊無助於鞏固論點的正確性，所以波普認為，與其這樣，倒不如去尋找黑色綿羊來做反證，就可以證明「綿羊是白色」的論點是否正確。

因此，波普一定不贊同胡適先生所謂的「大膽假設，小心求證」，他應該會主張「大膽假設，努力否證」。波普認為，即使有再多的證據，也無法證明某個說法是正確的。以白色綿羊為例，世界上有無數的綿羊，我們要驗證多少頭白色綿羊，才能證明綿羊是白色的說法是正確的呢？因此，收集證據來證明說法的正確性是無用的。與其做再多的證明，不如提供一個反證。

如果按照這個邏輯來觀察投資達人的行為與績效，就算某位投資達人過去的投資績效和結果都很漂亮，但是誰能保證他未來一定會繼續保持這個績效下去呢？與其不斷證明理論的優點，倒不如找方法直接證明他理論的缺點。

這個說法好像有道理。存在於台灣的投資達人那麼多，能力良莠不齊，找出他們理論的弱點加以擊倒，就可以逐劣幣保留良幣。

波普提出了「可否證性」這一概念，作為區分科學和偽科學的判斷標準。他認為，一個理論或說法必須具有可以被否證的性質，才能被視為科學的理論。相反地，如果一個理論或說法無法被否證，那麼它就不具備科學精神。如果一個理論無法被證實或否定，那麼它就無法成為科學理論，因為科學的進展和進步需要基於可驗證的事實和證據。

波普的可否證性原則是科學方法中的一個重要概念。例如天氣預測，如果你宣稱，明天的天氣「不是下雨，就是沒有下雨」，那麼這句話就無法證明為錯，那就不具有科學精神。如果地質專家說，明天下午 2 點必定出現地震，而我們可以等到明天下午來驗證是否為真，這樣的宣稱就具有科學精神。

再舉個例子。某人找算命師求解流年和今年的運勢，但預測的結果不準確；即使結果錯誤，算命師也能用各種說法自圓其說，使得算命師始終正確，永遠不會出錯。這種情況下，算命無法被反駁和否定，因此它缺乏科學精神和可否證性。因為算命的結果不能被證實或反駁，所以算命不能夠被視為一種科學。

另一個不具備可否證性的例子是宗教信仰。因為宗教信仰是基

於個人的信仰和體驗，不是基於科學方法和可觀察的現象。例如，一個人相信某個神明的存在或者相信有來世或天堂，這些信仰本身並不具備可否證性。這是因為無法驗證或否定這些信仰，也無法基於科學方法進行研究和證實。因此，這些信仰並不符合科學精神和可否證性原則。

不過，有幾種東西不可否證，也無關乎科學研究，比如數學（1＋1＝2）、定義（1英寸長度的由來）、廢話（人和人之間的閒聊）、真理（哲學家討論什麼是真理）。

波普認為科學家必須要有勇氣提出大膽的假說，並且樂於讓這些假說遭受檢驗和批評，因為只有透過不斷地否證和改進，才能讓科學進步。科學家的假說必須具備可否證性，即能夠被證明為錯誤的可能性，才能被視為具有科學性的假說。這樣的做法，能夠有效避免僅僅基於主觀臆測或個人經驗而提出不科學的假說，並且讓科學更加客觀和進步。

波普曾經擔任奧地利知名心理學家阿德勒（Alfred Adler，1870年～1937年）的助手。阿德勒創立的心理學派被稱為「個體心理學」，主張人的行為和情感狀態都源於個體的童年經驗和

人格結構，包括對自我價值、生命目標、自我效能感和人際關係的看法等。其中，阿德勒提出了個體心理學的幾個核心概念包括：人的統一性、自我價值和社會利他主義等。

阿德勒心理學強調，個體的行為和情感狀態是由其生命目標和自我價值觀念所驅動的，人的行為和情感都是為了實現這些目標和價值而存在的。而這些目標和價值又往往受到個體童年時期的經驗和人格結構所影響。例如，童年時期缺乏愛與關懷的人，會產生自卑感和劣等感，進而影響其後的人際關係和自我實現。

然而，心理學對於波普而言並不是一門真正的科學，波普對科學的觀點與傳統的經驗主義不同，根據他提出的「反證主義」理論，科學並不是通過積累證據來支持假說，而是通過不斷地反駁來尋找錯誤和缺陷。而心理學這門學科，無法進行實驗來反駁假說，因此在波普的理論中，它不被認為是一門科學。雖然這一觀點引起了許多爭議，但也引發了科學哲學領域內的許多深入思考和討論。

用同樣的道理去檢視當今如雨後春筍般出現的各種投資方法，若一套投資法宣稱不管怎麼樣都會賺錢，就像算命一樣，不管遇

到什麼狀況都可以自圓其說，那麼這套投資法就是一種偽科學。

我們會發現，有些理財達人無論市場如何變化都能賺錢，都能以自己的投資理論來解釋，即使市場下跌也會說自己沒有錯。他們總是堅信自己是對的，不會承認自己的投資理論有錯誤。似乎從未有人公開承認，自己的投資理論有錯誤的情況發生過。

不斷解決問題累積知識，讓投資模式愈趨完善

剛剛烏鴉的例子，我們就是收集證據、分析資料，歸納出「烏鴉都是黑色，以及綿羊都是白色」的結論。可是波普認為，這樣的歸納法不可靠。

英國哲學家羅素（Bertrand Russell，1872 年～ 1970 年）就提出了一個經典的「羅素的火雞」故事。一隻火雞住在農場裡，每天都享受著豐盛的食物和舒適的生活。根據火雞的經驗和觀察，牠相信農夫是牠最好的朋友，因為農夫每天都會為牠提供食物和水。

然而，當感恩節這一天到來時，火雞卻被宰殺了，成為感恩節

餐桌上的一道菜。火雞對於自己的死亡感到非常驚訝和無奈，因為從以往的經驗和觀察所歸納出來的結果，牠從未預料到會面臨這樣的結局。

這個故事對於我們了解歸納推理的局限性和不足非常有啟發性，提醒我們在進行推理時要謹慎而客觀，不能過度依賴已有的經驗和觀察。

我們在平日的生活中，幾乎都靠著歸納法來過日子，雖然經常看到新聞報導車禍火燒車的事件，但為什麼我們還是可以安心地開車上班呢？因為我們從以往的開車經驗中，歸納出這次轉動汽車鑰匙不會導致車子爆炸。

然而，如果歸納法無用，那我們如何能確定手機充電不會爆炸？房子在地震時不會倒塌呢？沒有歸納法，我們該如何面對日常生活中的種種挑戰呢？

在投資上也是同樣的情況。我們經過歸納過去的股價趨勢，再加以分析，但結果未來的趨勢卻無法完全預測。看起來在股市投資上，即使運用科學的歸納方法也未必能夠奏效。而如果使用科

學的方法在投資上行不通，投資還能歸類成科學的行為嗎？這個問題，我想透過波普對於累積知識的看法，嘗試找出答案。

波普認為，知識要如何累積呢？

圖1中，「P1」就是問題，當一個問題產生，就會產生一種假說來嘗試解決（TS，Tentative Solution）。這個假說的產生可以不具備任何的原則或理論支持，可以不合邏輯規則。而假說的優劣，是由可否證性的高低來決定。然後透過「證明其錯誤」來消除錯誤（EE，Error Elimination），然後就會產生新的問題，也就是P2。透過這樣的過程，就能讓新的假說（TS2）錯誤愈來愈少，然後產生不容易發生錯誤的理論。透過這樣的過程就可以讓知識累積，然後用新的理論取代舊的理論。

這應該符合我們一般的學習狀況。比如我們想要買中華電（2412）股票領股利，然後發現好像買單一股票有風險，所以改買元大高股息（0056）分攤風險又能穩定領股利。可是買了0056之後發現若要長期投資，買元大台灣50（0050）好像總報酬又更好，所以又換成0050。這樣每次遇到問題就換成更好的投資方式，用新的方法解決舊的問題，之後問題就愈來愈少，

圖1 知識累積需歷經持續除錯及優化等過程

波普提出的知識累積過程

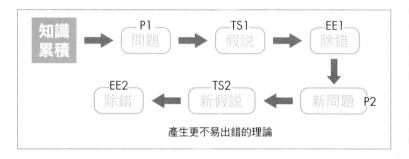

新的方法就愈來愈好。

當一個理論被否證時，代表著它有缺陷，需要被取代或改進。這是科學進步的一種方式，因為每次被否證的理論，都讓我們更接近真相，也能夠更精確地描述自然現象。

所以，當舊理論被否證時，我們應該歡迎這個發現，因為它代表著科學方法的有效性，也代表著我們正在往更接近真相的方向前進。新理論的提出，也是科學不斷發展進步的重要驅動力之一，它們可以取代舊的理論，或者在舊理論的基礎上加以改進，使我

們對自然現象有更深入的了解。

因此，科學家對新理論的提出應該感到高興，這代表科學不斷前進的步伐，也代表我們對自然現象的認識正在不斷地提高。

哲學家對於知識的累積方法似乎也符合我們目前投資的行為模式。當我們在投資中失敗時，我們就會尋找新的方法來避免過去發生的問題。這樣的過程不斷重複，我們的投資方法問題就會愈來愈少。而隨著不斷修正錯誤，我們就研究出一套自己的投資理論和想法。也可以說，我們在進行投資知識的累積時，正是以哲學家的思維方式為基礎。

理論必須接受批判，才能更靠近真理

波普主張科學是理性的，因為科學方法是基於批判和審慎的方法來進行研究和探索的。在科學研究中，我們應該持開放的態度，不斷地對自己的理論進行檢驗和挑戰，接受來自其他人的批評和反駁，進而發現自己的錯誤和缺陷。

波普認為，科學家的目標是尋求真理，而真正的理性在於能夠

接受批判。科學家必須持開放的態度，不斷地挑戰和檢驗自己的
理論，以確保它們是可靠和有效的。同時，科學家還應該避免迷
信和盲從，不應該接受沒有足夠證據支持的理論或假設。簡而言
之，波普認為科學家必須接受批判，不迷信、不盲從，才能找到
愈來愈接近真理的方法。

波普認為不要護短，科學理論必須能夠禁得起驗證和檢驗。如
果一個理論被修改或特製（不承認理論出錯，嘗試用其他方法自
圓其說），那麼就無法真正進行驗證，因為這樣的理論已經被調
整得足夠完美，無法被實驗或觀察所推翻。因此，波普主張科學
理論應該是原創的、具有可驗證性，而且要能夠通過對理論進行
嚴格的、公開的、經驗的批判來改進和發展。

以相信大家都很熟悉「地球是不是平的？」這個問題為例。早
期的科學家和哲學家認為地球是平的，因為他們只能看到水平的
視線，而且看似平坦的地面也支持了這個想法。但是隨著探索和
觀察技術的進步，科學家們發現，地球實際上是球形的，且這個
理論能夠解釋眾多觀察和實驗結果。

然而，一些人仍然支持地球是平的理論，他們認為這是一個陰

謀或者認為證據不足以證明地球是球形的。這些人有時會護短他們的理論，拒絕接受新的觀察和實驗結果，這就違反了科學方法論的基本原則，並且不符合理性思考的精神。

追尋投資聖杯時，應抱持不護短、謙遜等態度

尋找聖杯是一個源自於中世紀的傳說，它是一個代表著神祕力量與生命源泉的物品，據說能讓持有者富有靈性與力量。

根據傳說，聖杯是耶穌在最後的晚餐上所用的餐具之一，是一個金碧輝煌、精美華麗的杯子，由寶石鑲嵌而成，閃耀出永恆的光芒，並具有神奇的力量，擁有聖潔和治癒能力。在亞瑟王的故事中，聖杯象徵著純潔和神聖的力量，是亞瑟王和他的騎士團所追尋的目標。

經過種種試煉，最終找到聖杯下落的是 3 位騎士：最世俗的鮑斯，最單純的珀西瓦爾和最純潔的加拉哈德，但其中只有蘭斯洛特與佩萊斯之女艾伊蓮的兒子加拉哈德能夠捧起它。他「雙手間如同捧著基督的聖體」，在他捧起聖杯的剎那，無數光輝的天使降臨帶他的靈魂迎接入了天堂。而騎士們蘭斯洛特和莫德雷德的

▲聖杯在傳說中是耶穌使用過的餐具，具備神祕力量；現今「尋找聖杯」常被比喻為探求特定領域的真理。

雙重背叛，將亞瑟王推至命運的深淵。

至此之後，聖杯就從亞瑟王的歷史中消失了。

聖杯消失之後，騎士們又開始踏上尋找聖杯的旅程。當騎士發現一個符合聖杯外觀特徵，並發出閃耀光芒的杯子，便小心收藏。可是假的聖杯無法發出永恆光芒，隨著時間黯淡。這時候騎士就知道這個聖杯是假的，於是拋棄假的聖杯，再次踏上尋找聖杯的旅程。而這樣的故事，這樣尋找聖杯的旅程，騎士們一代接一代，

保持信仰，永不放棄，相信有一天一定會找到。就算騎士手中握有發光的聖杯，他們也不會驕傲地說已經找到，而是會抱持謙遜的態度去審視這個杯子。如果聖杯一旦光芒黯淡，不管之前多麼辛苦才找到的聖杯，騎士一樣會毫不猶豫將之拋棄，再次踏上尋找新聖杯的旅程。

所以，波普腦中那幅科學精神的圖像就像是尋找聖杯的旅程。批判、不護短、不獨斷、理性、保持謙遜、對真理的追求永不放棄的信仰。

我們來討論一下，波普這樣的定義是否符合我們的日常經驗？

◆**批判**：別人做錯事情，我們就應該指正他的錯誤。在職場上我們對於主管犯了錯誤，我們也會想要對主管的行為進行批判並指正。可是我們有時候會因為職場的種種原因，對於主管的錯誤決策進行隱忍，這樣就是沒有批判的精神。24 歲的毛澤東，就道出了「與天鬥，其樂無窮；與地鬥，其樂無窮；與人鬥，其樂無窮。」

◆**不護短**：有時候會看到新聞報導，有個小孩犯了錯，小孩的

父母或是爺爺奶奶就會哭著說，「我的小孩不是壞人，只是最近交了壞朋友。我的小孩很乖，都是被別人帶壞的。」這樣的行為就是袒護。

◆**不獨斷**：不獨斷就是指不以自己的意見或觀點為唯一正確的標準，而願意尊重他人的意見和看法，也就是「不自以為是」。我們怎麼可能認為自己什麼都知道，然後擺出一種自以為是的姿態出來？

◆**理性**：波普認為的理性，其核心是質疑和懷疑，以及不斷尋求真理的願望。這種質疑和懷疑的態度可以幫助人們發現自己的錯誤和偏見，進而進步。

舉個例子，假設你聽到一個關於某個政治事件的新聞報導，但你對這個報導感到懷疑，你可能會開始質疑和調查這個報導的真實性和可信度。你可能會尋找其他來源的報導，比較它們之間的差異和矛盾，以及它們所依據的證據。通過這種方式，你可能會發現一些疏漏或錯誤，或者發現不同報導之間的矛盾和偏見。通過這個過程，你可以逐漸消除你的錯誤和偏見，更加準確地了解事件的真相，並從中獲得新的認識和見解。

這就是我們日常生活的理性行為，我想多數人都會這樣做。

◆**保持謙遜**：要保持謙遜的態度。我們應該認識到我們的知識和理解是有限的，不能完全確定某一觀點或理論是正確的。所以我們應該尊重他人的觀點和意見，並認識到我們自己的觀點可能是錯誤或有偏見的。我們應該虛心地聽取不同的觀點和意見，並不斷尋求更多的信息和證據來評估和比較不同的觀點。

在這個過程中，我們應該始終保持謙虛和開放的心態，尊重不同的意見和觀點，並與人進行建設性的對話和討論。

所以我們在投資上，會認知到我們自己的知識和理解是有限的，儘管我已經是有某種成績的「理財達人」，我應該還是要尊重別人的觀點和意見，並與他人進行有建設性的對話和討論，然後修正自己的可能錯誤或是缺點。這完全符合我們作為一個理性的投資者應該有的態度。

◆**對真理的追求永不放棄的信仰**：透過波普的這些方法，相信自己一定可以找到投資聖杯，找到一個真正屬於自己，可以幫助自己的投資方法。堅持信念，永不放棄追求。

　　所以綜合以上，波普構思出來的那種，從事科學研究的研究人員應該具備的特質，和我們生活上的經驗完全符合。那個年代的科學家們，也很喜歡波普對於科學精神的描述。

　　我們是不是也是使用這位哲學家的方式，應用在投資理財這個領域呢？看起來，投資是否應該是一種哲學？因為我們的行為完全符合波普這位哲學家的看法。

　　波普建構了一種從事科學研究的科學家，應該具備的特質、行為和態度。如果投資是一門科學，我們看起來應該像個「投資學家」，我們目前從事的投資行為和精神，似乎是符合這位哲學家理想中那種科學家的樣貌。

　　然而，世界是很複雜的。如果依照波普的否證方法，遇到理論的錯誤就拋棄，換了新的理論，遇到錯誤又拋棄，那我們只能知道現在的理論是錯的，那真正的理論在哪裡呢？

　　如果目前的理論無法證明為真，只能說明其沒有錯，每次追求都追求到有缺陷的理論，每次追求都必定失敗，那我們又如何保持信仰去追求呢？

　　那既然每個被否證後的理論不保證為真，那又如何確定理論可以透過一次次的反證過程，最後逼近真理呢？

　　這時候，我們就要回頭來看看歷史上的科學，是如何演變和發展的。

1-3 應用科學史學家觀點看投資——孔恩的典範理論

要了解科學的發展，就不能不提到孔恩（Thomas Samuel Kuhn，1922 年～ 1996 年），他是一位 20 世紀美國物理學博士，也是哲學家和科學史學家。孔恩的《科學革命的結構》一書，是 20 世紀最具影響力的科學哲學著作之一。這本書的出版是在 1962 年，這個年代正處於科學領域的高峰期，當時世界各國的科學家都在為新的發現和突破而努力奮鬥。

在這個時期，科學家們對於知識體系的信仰和追求已經到達了一個極致；然而，正是這樣的信仰和追求，使得科學家開始質疑他們所接受的知識體系是否真正可靠和可持續。這種質疑，從而引發了孔恩的思考。

根據孔恩的觀點，要真正了解科學研究的本質，不能僅靠哲學家的理論推演，而應該透過歷史研究和案例分析等方法，從實際的科學實踐中去探究科學家是如何進行研究的。孔恩強調，科學

研究的意義不僅在於發現真理，同樣重要的是發現知識和解決問題的過程。相比之下，波普的理論推演方法著重於檢驗理論的合理性，而忽視了科學研究中實際運作的複雜性和多樣性。孔恩的觀點強調了科學研究的實踐性和歷史性，對於現代科學研究和哲學研究都有著重要的啟示意義。

孔恩認為，科學的發展狀況並不像哲學家所描述的那樣。當時的社會普遍接受了波普的觀點，而孔恩的觀點對哲學家的區分提出了挑戰。他認為，要真正了解科學，必須從歷史的角度去探究理論是如何被發現和被接受的。他主張，要找出某些理論能夠被科學界廣泛接受的真實因素。孔恩認為，只有透過這樣的探究才能夠真正掌握什麼是科學，而不是僅從哲學的角度去探討理論的證明或描述。因此，孔恩的理論挑戰了哲學家對科學的看法，強調了科學史的重要性，並提出了一種更綜合、更全面理解科學的方法。孔恩認為科學是透過這樣的過程而發展的（詳見圖 1），說明如下：

前科學時期》透過驗證，讓分歧理論達成共識

在一門學科成立之前，通常會存在許多不同的學派或理論，彼

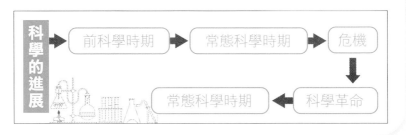

圖1 **科學的進展共經歷5個時期**
孔恩提出的科學進展

此之間可能存在著爭議或分歧。然而，如果這種情況一直持續下去，這門學科就無法發展成為一個成熟的科學。因為在成熟的科學中，理論之間的分歧會透過科學方法進行驗證和解決，進而達成共識。

換句話說，只有透過這種進程，學科才能持續進步並不斷增長知識庫，成為一門成熟的科學。而當人們對某個理論達成共識，這個理論就會漸漸成為一個獨立的學科。

舉例來說，隨著投資市場的發展與普及，人們對投資行為有了更深入的研究與探索。這些研究成果逐漸形成一套完整的投資理

論體系，並被廣泛應用於投資實務中。當投資理論被愈來愈多的人接受並採用，就開始形成一個獨立的學科體系，也就是「投資學」。這些從事投資學研究的人員，我就暫且稱為「投資學家」。投資學不僅包括對投資行為的研究，還包括投資決策、風險管理、資產配置等多方面的內容，是一門十分綜合性的學科。

一個學科在成為成熟的科學之前，需要經過不同的時期（詳見圖2）。研究者可能持有不同的理論或看法，而這些理論也可能會被學術界所質疑和挑戰。隨著時間的推移，一些理論會因為證據的支持而逐漸得到學術界的認可，這些理論所代表的學派也逐漸被接受。當愈來愈多的學者開始接受這些理論，並且形成一個共識時，這門學科就進入了常態科學時期，並且開始進行系統化的研究和探索。在這個時期，學科的研究成果也會被更廣泛地應用和轉化，推動學科的進一步發展。

舉例來說，在電學形成學科之前，眾家理論分歧。直到富蘭克林（Benjamin Franklin，1706年～1790年）和其研究繼承者，統合各家理論之後，才產生了電學這個學科，進入電學的常態科學時期。牛頓（Sir Isaac Newton，1643年～1727年）的力學也是統合前人眾多學說的努力成果。

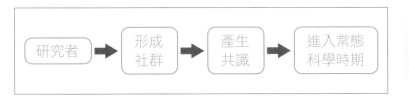

圖2 **當研究者持有相同看法時，會先形成社群**
進入常態科學時期的流程圖

常態科學時期》集中精力於應用與發展「典範」

在這個時期，孔恩提出了一個非常重要的概念——「典範
（Paradigm）」。例如亞里斯多德的物理學、愛因斯坦（Albert
Einstein）的相對論、量子力學等等，都是一種典範。典範指的
是科學界中普遍被接受的科學理論和方法。它不僅提供了科學研
究的框架和基礎，更是科學家進行研究活動的基礎。

「典範」可以理解為一種科學研究的框架，包含了如何進行研
究、如何收集和分析資料、如何進行實驗等方面的規範和方法。
除了方法論方面的規範，典範也涉及對於研究對象和結果的看
法，即所謂的世界觀。

　　狹義的典範是指在某個特定科學領域中，被普遍認同為最有效的、最有影響力的理論體系。狹義的典範具有以下特徵：

　　1. 具有高度的普遍性和認同性，被該領域的科學家廣泛接受和應用。

　　2. 提供了解決該領域問題的最佳方式，並指導該領域科學研究的方向和方法。

　　3. 具有嚴格的理論框架和實證驗證標準，能夠解釋和預測自然現象。

　　4. 通常被認為是該領域的權威，對該領域的發展和進步具有重大影響力。

　　狹義的典範可以是具體的科學理論或典範，例如牛頓力學、達爾文（Charles Darwin）的進化論等。這些理論或典範都具有一定的規範和方法，例如牛頓力學中的三大運動定律、達爾文的自然選擇機制等，並且被科學社群廣泛接受和應用，成為當時科學界的主流。

　　而這些理論或典範也會受到挑戰和替代，例如相對論取代了牛頓力學、進化合成理論取代了達爾文的進化論等。而投資學的典

範，大家最耳熟能詳的，大概就是被譽為奧馬哈先知的巴菲特
（Warren Buffett）為代表的價值投資學派了。

　　在典範的框架之下，科學家不再對基本原理和主張進行爭辯，
而是集中精力在對典範的應用和發展上。相較之下，哲學家則是
從基本預設出發，然後進行探究和辯論。此外，科學家也容易形
成個別的小組，針對同一目標進行研究，並且相互合作，以提高
研究成果。相較之下，哲學家常常在小組討論中產生基本論述的
分歧。而一群人之所以能夠聚在一起從事一些活動，小至籃球隊
或宗教團體，大到國家社會，都是依靠一套典範制度讓這群人聚
在一起進行活動。

　　簡而言之，典範是科學研究的基礎，它提供了科學家進行研究
活動的框架和方向。在典範的指引下，科學家可以更加專注和有
效地進行研究，取得更多的進展。科學家從事研究必有一個典範，
沒有典範，科學研究就無所依循。

台灣目前的投資環境屬「前典範時期」

　　英國哲學家暨科學家培根（Francis Bacon，1561 年～ 1626
年）有一句話是這樣說的：「真理容易從錯誤中浮現，但是難以

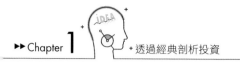
在混亂中獲得。」唯有一致，才能找到真理。

　　而常態科學時期又分為「前典範」時期、「後典範」時期，前者會有理論互相競爭，後者則是理論形成共識。台灣目前的投資環境，應該就是處在常態科學時期的前典範時期。這時期的眾多投資學專家，依照投資學科的理論基礎，發展出自己的學派。而這些專家之間尚未形成共識，所以也沒有共同的典範；就算某些專家彼此之間對於美國的某個投資學派有相同的興趣和共識，但是這些台灣的專家尚未有普及的、互相交流的知識活動。

　　簡單說，這些專家多數尚未成立相同典範指導下的知識交流社群；別說研討會，就連最基本的讀書會也不盛行。像我的傻多棒喬飛社群就能自稱是一個傻多學派。台灣還有其他金融股學派、ETF 學派、存股學派等等。大家對這些學派的投資績效眾說紛紜，因為各有優缺。如果有朝一日，這些獨立的學說或是理論形成共識，認為某種學派比較有高機率獲利，到時候這個學派就會成為典範，然後進入後典範時期。

科學家從事「解謎」，以推動科學發展

　　在常態科學時期，科學家主要從事解謎（Puzzles solving）的

工作，也就是使用典範提供的工具和概念來建構模型，創造新現象。換句話說，科學家試圖將各種現象納入典範的架構之中，並擴大典範的適用範圍，從而精煉典範。透過不斷的嘗試和實驗，科學家能夠讓典範內的問題愈來愈少，雜質愈來愈少，從而提高典範的準確性和可靠性。

在這個過程中，科學家會相互合作，分享研究成果，以推動科學的發展。值得一提的是，在這個時期中，科學家所面對的問題通常都是可以在典範的框架之下解決的，因此他們可以專注於解決問題，而不必花費大量的時間和精力去探討基本原理和主張。

為什麼科學家在這個時期使用「Puzzle（謎題）」而不是「Problem（問題）」呢？舉例來說，就像西方人玩的填字遊戲（詳見圖 3）一樣，每一個謎題都是有解的，頭尾都有英文，代表著一定有答案。問題可能是無解的，但謎題卻必須有答案。

典範的存在讓科學家能夠有明確的方向和目標，因為他們知道該如何運用典範的工具和方法去解決謎題。這也讓科學家在研究過程中更加有信心，因為他們相信典範所提供的框架已經經過多次驗證和確認。

　　因此，科學家在研究過程中不會批判典範，而是遵循典範的指引進行研究。如果科學家批判典範，就有可能破壞共同的基礎，讓科學家無法進行有效的合作。這點與哲學家區別明顯，哲學家通常會採取批判和反駁的態度來檢驗理論的真偽性，而科學家則更多專注在解決實際問題上，並致力於精進和完善現有的典範。

　　科學家的態度不僅不是批判典範，而是非常信任典範。當科學家在使用典範提供的工具和概念進行研究時，如果研究出了錯誤的結果，他們會去自我檢討哪裡出錯，然後回去重做，直到得出正確的結果。

　　相較之下，典範內的理論是不可能出錯的，而當科學家研究出錯時，往往是由於典範內某些細節沒有考慮周全。這種科學家的態度就像大學生做實驗一樣，如果實驗做錯了，就會回去重做，並且不斷地改進。

　　科學家在研究中遇到謎題，若猜不出來，不會質疑典範的正確性，而是會自我檢討能力是否不足，並將謎語交由其他科學家繼續研究。在科學領域中，無法解決的問題通常被認為是暫時的，而非絕對沒有解答。

圖3 填字遊戲為謎題，一定存在解答

填字遊戲示意圖

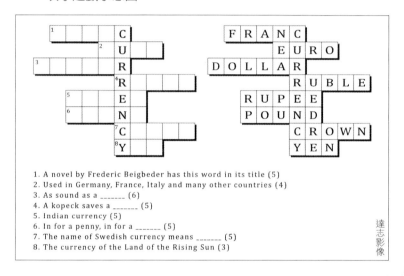

1. A novel by Frederic Beigbeder has this word in its title (5)
2. Used in Germany, France, Italy and many other countries (4)
3. As sound as a _____ (6)
4. A kopeck saves a _____ (5)
5. Indian currency (5)
6. In for a penny, in for a _____ (5)
7. The name of Swedish currency means _____ (5)
8. The currency of the Land of the Rising Sun (3)

達志影像

　　像我的傻多存股法，我心中典範的最高原則就是永遠持有、沒賣沒賠、股利領到永遠，成本必定歸零等，並在這些最高指導原則下，尋找符合條件的公司。所以我確信我的答案，也相信股市必然會有這些標的，然後我的工作只去尋找適合的公司而已。

　　更極端一點的說法就是，當典範確立之後，就像拼字遊戲一樣，

頭尾英文字母已經確定，科學家們平常在做的事情就是像進行拼字遊戲一樣，做一些符合典範指導的活動。

我們查閱科學期刊就會發現，這些期刊在做幾件事情：

1. 測定事實。
2. 討論現象和典範的密合程度。
3. 闡述理論，把典範曖昧不明的部分搞清楚。

這就是大部分科學家，在常態科學時期常做的事情。當然這不代表實驗不重要，只是這表現出了科學家們通常在進行什麼樣的活動。

所以這也符合我平常的投資活動。我沒買股票的時候，就會研究哪些股票符合我的投資原則？哪些股票好像不符合？不符合的原因是什麼？不然就是我會研究一下某檔不確定可是我覺得不錯的股票，到底符不符合我的選股標準？

若出現「異例」，科學家會嘗試修正或擴充典範

一套典範不可能解釋所有現象，因此有些情況下會出現一些不

符合典範指導的特殊例外狀況，這時就稱這樣的事件或現象為異例（Anomalies）。異例也就是違反預測的狀況。

儘管典範可能會遭遇到無法解釋的現象，但科學家並不會立刻拋棄典範，也不會像波普（Sir Karl Raimund Popper）那樣採取毫不留情的批判態度。相反地，科學家會嘗試尋找解決方案，探究典範是否需要進行修正或擴充。透過這種方式，科學家可以保持對典範的信心，同時也能推進科學知識的進步。

舉個例子，當人們發現地球上存在許多化石時，這些化石大多數都可以被歸類到現存物種的祖先。但是在某些情況下，科學家發現一些化石的特徵與現存物種不同，這些化石被稱為「異常化石」。這些異常化石挑戰了達爾文演化理論，因為它們似乎暗示著有些物種可能是突然出現的，而非漸進式演化的結果。

然而，科學家並沒有馬上拋棄達爾文演化理論，而是尋找更多的證據來解釋這些異常化石，最終他們發現了新的物種演化機制和其他方法來解釋異常化石，這些方法也被納入了現代的演化理論中。這表明科學家遇到異例時，不會立即拋棄現有理論，而是會積極尋找解釋並嘗試將其納入現有理論體系中。

　　為了讓科學不斷進步，科學家在面對異例時通常會試圖尋找新的解釋或修正現有的理論，而不是馬上拋棄。如果科學家遇到異例就一味拋棄理論，那麼每個理論都有可能因此被拋棄，最終將無法得出任何可信的結論。因此，透過解釋異例與修正理論，科學才能不斷進步。

　　另外一個例子是，海王星是如何被發現的？牛頓的引力理論普遍被認為是描述星體運行軌道這個現象的最佳理論。然而，當天文學家們使用牛頓的理論計算天王星的軌道時，他們發現牛頓的理論不能完全解釋天王星的運動軌跡，因為它們的觀測結果和牛頓理論的預測不符。

　　這個異例引起了天文學家的關注，他們開始尋找可能的解釋。法國天文學家勒維耶（Urbain Le Verrier，1811 年～ 1877 年）和英國天文學家亞當斯（John Couch Adams，1819 年～ 1892 年）分別獨立地使用牛頓的引力理論，通過計算預測出一個未知天體的存在和位置，以解釋天王星軌道的異常。

　　當勒維耶和亞當斯的獨立預測結果得到了廣泛關注後，天文學家開始搜索這顆未知天體，最終找到了海王星。這個發現證明了

天王星軌道異常的問題是由一個未知的行星引起的，而不是牛頓的理論有誤。

這個過程展示了科學方法的力量。科學家們使用觀測、理論和推測來解釋天文學上的異常現象。當理論與實際觀測不符時，科學家不會馬上拋棄原有理論，反而會開始尋找解釋異常的可能性，並通過研究和觀測來驗證他們的假設。這個過程不斷地推動科學知識的進步。

所以典範再一次獲得了成功，完美的解決了異例。

而最近投資界的異例，當然就是價值投資的典範——巴菲特掌舵的波克夏公司，為什麼 2022 年 Q3 買入台積電（2330），隨即在同年 Q4 賣出？這樣短期進出的行為不符合世人所認知的典範原則和標準，這個案例的分析容我之後再詳述（詳見 3-3）。

在常態科學時期，有些小型理論會出現並且受到一定的驗證，但有時也會被否決。然而，這些小理論通常不足以動搖整個科學典範。放棄典範需要有足夠的證據和理論，因此這是一個相當困難的過程。對於科學家來說，重要的是要繼續檢驗和改進典範，

並根據觀測結果和實驗結果對其進行修正，而非隨意放棄。這種不斷探索、檢驗和修正的進程推動了科學的進步，使得我們對自然現象的理解不斷深化。

　　所以台積電的異例雖然讓波克夏基金的投資人困惑，但是大家不會因為出現這一點異例就放棄整個典範。波普說的那種「理論一出錯就換一個」，看起來不是那麼一回事。歷史上的科學家發現典範出錯不但不認錯，還會找理由、找說法袒護，自圓其說地去保護這個典範。

無解異例過多或敵對典範出現，原典範才可能被放棄

　　當出現以下情況時，科學家才會考慮放棄現有的典範：

　　首先，異例累積到一定程度，即使多位科學家長期努力也無法解決。這時候，科學家們的信心開始受到動搖，進而開始考慮是否需要重新檢視現有典範。

　　其次，敵對典範出現。這些敵對的典範通常是由新一代年輕科學家提出的。由於老一輩科學家可能已被現有典範所限制，不再挑戰典範，而新一代科學家則沒有受到這種限制，更容易提出全

新的觀點。這種新的典範通常會由新一代科學家所產生。

然而，拋棄現有典範是一個相當嚴肅的決定，需要非常強有力的證據和理論支持。因此，科學家必須持續進行實驗和研究，檢視現有典範的缺陷，並努力發現新的證據和理論，以便更好地解釋異例。只有在這樣的情況下，才能考慮拋棄現有典範，並接受新的科學觀點。

危機》喪失舊秩序，嘗試創造新典範

「危機」這個時期是舊的秩序喪失，新的秩序還沒有建立的狀態。當舊的典範因為長久無法解決愈來愈多的異例，而開始被科學家們懷疑，且儘管有眾多新的理論出現，但是這些理論不足以成為典範的時候，就會產生沒有秩序的狀態。

這就像法國大革命期間（1789 年～ 1799 年），法國的舊政治秩序和社會結構受到了巨大的挑戰和動搖，舊的封建制度和君主制被推翻，但新的秩序並沒有立即建立起來。

在這段時間裡，法國社會陷入了混亂和動盪，出現政治鬥爭、

社會動亂、恐怖統治等一系列問題，經歷了多次政治和社會變革，直到拿破崙（Napoléon Bonaparte）上台才穩定了法國政局，建立了新的政治秩序。

在典範威權消失的時候，科學家成了哲學家，他們開始挑戰對方的基本主張和立場。這個時候，曾經被視為典範基本原理的理論和觀念也紛紛受到質疑。因此，哲學家在這個危機時期扮演著科學家的角色，他們必須探索新的思想，挑戰舊有的想法，以創造一個新的典範，並且推動科學的進步。

孔恩的描述強調，在面對異例時，科學家不是過度反應，也不是不反應，而是採取一種穩健的理性態度。這種理性態度反映了科學理性的真正意義。科學理性並不僅僅是批判性思考的展現，而是一種謹慎的、理智的、有條理的思考方式，它能夠在探索未知領域時保持穩定和清晰。

因此，對於異例的處理，科學家不是一味地接受或否定，而是通過對異例的進一步探究和解釋，以期將其納入現有理論框架中，或是推動理論框架的轉換。這種穩健的理性，使科學理論能夠在不斷變化的現實中持續發展，並進一步提升科學的可靠性和

有效性。

科學革命》持續辯論與驗證，進一步翻轉典範

在危機時期，當科學家討論各種理論後，若能進行持續的辯論、實驗驗證，最終可能產生科學革命，逐漸產生共識，並發生典範的翻轉，而後進入新典範的常態科學時期。這個典範翻轉的過程，就如同宗教信仰皈依的過程一般，舊有的信仰體系會被拋棄，而新的信仰體系會逐漸建立起來。然而，這個過程並不是一個固定的規則或標準，每次的科學革命都有其獨特性，因此哲學家在尋找科學邏輯和方法論的過程中，也往往面臨無法確定的情況。

科學的發展不完全只受科學的理由影響，也受到偶然的條件以及個人特質等非科學因素的影響。例如，哥白尼（Nicolaus Copernicus，1473 年～ 1543 年）提出「日心說」的理論，取代了托勒密（Claudius Ptolemy，約 100 年～ 168 年）的「地心說」，不僅受到科學證據的支持，也受到當時社會需求的影響。當時社會需要更精確的曆法系統，而托勒密的系統在曆法上存在弱點，因此哥白尼的理論才取代了托勒密。然而，反對哥白尼理論的宗教因素也起到了一定的作用，因為它挑戰了地球中心的觀

點。因此，在科學的發展過程中，也存在非理性的因素和歷史偶然因素的影響。

每個科學典範都有自己的評判標準，用來判斷證據的好壞。然而，並沒有一套通用的標準來評判不同證據的優劣。這意味著證據好壞是相對的，取決於不同的典範和社會文化背景。有時，這些評判標準內建於典範中，新舊典範各自擁有不同評判證據的標準；因此，科學的發展不僅取決於證據本身的質量，也取決於科學家所採用的典範以及當時的社會文化因素。

科學的典範中可能有一些共識原則，但由於不同的典範會有不同的要求，這些原則的程度可能會因此而有所不同，進而導致無法達成共識的情況。例如，一些典範會認為愈簡單愈好，但究竟什麼樣的簡單才是最好的呢？

同樣地，以投資來說，不同的典範對於股票殖利率的要求也有所不同，有些可能認為高殖利率是最重要的，而另一些典範則可能認為股價高成長更為重要。

因此，在科學的研究中，不同的典範和評估標準都可能會影響

結果，科學家必須小心謹慎地選擇合適的典範和評估標準，以確保他們的研究是科學合理的。

　　孔恩認為，科學精神的重點不在於批判，而在於常態科學時期。在這個時期，科學家們遵從特定的典範指導下，信奉並且根據這些典範進行研究，試圖解開其中的謎題。科學的進步只有在這個時期才能持續累積，跨越典範後就不再有進步的累積。因為跨越典範後，不同的典範具有不同的世界觀，科學無法取得進展，也就無法累積新的成果。

　　因此，與波普的理論相比，波普的理論只有批判，並沒有常態科學，因為他認為科學的進步是通過不斷否定和淘汰錯誤理論來實現的。而孔恩則認為，科學發展中不僅有批判，還有常態科學時期，即在典範指導下進行的解決問題活動。這兩種理論對於科學發展的理解和方法，有著截然不同的看法。

不同的典範，無法用相同標準衡量優劣

　　典範的取代是一個複雜的過程，其中並沒有一套方法論或規則可以明確地解釋為何新典範會取代舊典範。此外，即使新典範成

功地取代了舊典範，也並沒有一個普遍認可的科學上的理由，可以解釋為何會發生這樣的變化。

這表明不同典範是無法互相比較的，這就是孔恩的科學哲學觀裡最重要的部分，他提出典範之間的不可共量性（Incommensurability）；意思是說，我們無法以一種統一的標準、論辯、證據等基礎來衡量不同典範之間的優劣，因為每個典範所奉行的價值觀、觀念、方法論都不同，並且受到其所在時代的社會文化背景影響。因此，典範取代的過程是相對主觀的，取決於科學社群中不同成員的觀點、價值觀，以及社會背景等多種因素。

這個論點和波普的理論又再一次的牴觸，因為波普認為，新的典範會修正上一個典範的錯誤，然後新的典範又會比舊的典範更逼近真理。而孔恩則認為典範之間無法比較。為什麼典範之間無法比較呢？目前有幾種理由和說法：

1.無法藉由觀察或經驗來判別優劣

典範的不可共量性意味著無法僅依據經驗、觀察來評斷哪個典範更好，因為觀察本身是帶有理論的，觀察的目的往往是由背後的理論指引，因此觀察結果會受到理論的影響；換言之，觀察結

圖4 圖案是鴨子或兔子取決於不同觀看角度
鴨兔錯覺圖

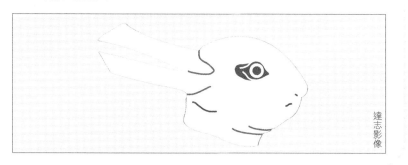

達志影像

果是與觀察者所選擇的典範密切相關的。

因此，對不同典範的評價不應僅依據觀察和經驗，而是需要透過比較和分析多種典範的理論基礎和實際運用的成效，以判斷其優劣和適用性。

比如圖 4 你覺得是什麼圖案？

有人第一眼看到的是鴨子，有人看到的是兔子。一樣的圖片，每個人看的結果都不同，這是因為我們每個人腦中所擁有的知識

和理論不同，這些差異，影響我們朝向某個方向觀察，而得到不同的結果。

有的人一開始會沒有發現另一種圖案，可是當我們開始察覺到這張圖「有兩種圖案」這件事情後，便不會再產生混淆，因為理論已經植入你的腦中。

譬如電動車龍頭特斯拉（TSLA）這家公司的股價走勢圖（詳見圖5），帶有不同理論背景知識的人，看的結果就不同；價值投資學派認為不適合長期投資，高成長學派則會認為這個標的非常好，單憑一家公司的K線圖無法判斷其優劣。

2.沒有中立的觀察語言

再舉一個質量概念的例子。牛頓和愛因斯坦所使用的質量和能量的概念是不同的，牛頓認為質量和能量是分開的，而愛因斯坦的著名方程式「$E = mc^2$」則說明質量和能量可以互換。因此，不同理論可能會採用不同的概念和定義，我們觀察到的現象，不能夠單憑它本身去判斷哪個理論是對的或錯誤的，而是需要考慮每個理論所使用的概念、定義和理論框架等等，才能進行比較和評估。

圖5 **光看特斯拉K線圖，恐難判別公司優劣**

特斯拉（TSLA）股價走勢圖

資料來源：Yahoo Finance

　　投資人常用到的一個語詞就是「長期投資」。怎麼樣算是長期？巴菲特曾說：「如果沒有做好持有一種股票 10 年以上的準備，那麼就連 10 分鐘都不要持有。」所以價值投資學派的長期投資定義是 10 年，然而對技術分析學派的人來說，可能投資超過 3 個月就算長期投資了。

　　所以當你問，「台積電值得投資嗎？」這個問題，你問不同人·

會有不同的答案，原因就在這裡。因為不同的人心中的典範不同，不同典範對於相同的字彙沒有中立的觀察語言。

3.對於重要問題的認定不同

　　每個典範都有其特定的認知框架，對於什麼是重要的問題，和應該如何解決問題有著不同的看法。當一個新的典範出現時，它可能會否定或質疑先前的典範所認為的問題，並提出自己認為的重要問題，或提供一種不同的解決方案。然而，後續的典範未必能夠解決前面的問題，甚至可能無法囊括前面的問題。因此，無法單純地去說哪個是正確的、哪個是錯誤的，每個典範都有其特定的範疇和局限。

　　以醫學領域為例，以前的醫學典範認為疾病是由單一的病原體所引起的，因此醫師主要的治療方法是用抗生素等藥物殺死病原體。然而，隨著科技的發展，我們發現許多疾病是由多種因素引起的，包括環境、基因、生活方式等，而不僅僅是單一的病原體。因此，現在的醫學典範已轉向更加綜合的治療方法，包括藥物治療、手術、心理治療等，並且重視預防和健康促進。這些不同的典範對於疾病的認定和治療方法都有所不同，而前面的典範可能無法解決後面的問題，後面的典範也無法完全含括前面的問題。

　　而在投資上，最明顯的例子就是高股息 ETF 與市值型 ETF 的兩派爭論，在台灣就以元大高股息（0056）和元大台灣 50（0050）為代表。

　　有領息需求的退休族會投資 0056，是因為重視能穩定發放的股利。然而有一派投資專家認為，0056 的長期投資績效根本比不上 0050，那麼為什麼還是有許多退休族堅持投資 0056 這種高股息 ETF 呢？因為退休族並不是要追求更高的長期投資績效，能一直穩定領到符合期望的股利，才是最重要的事情。

4.對於理論優劣評估標準不同

　　不同的科學典範之間對於評估理論優劣的標準有所差異。例如，在牛頓力學典範中，理論的優劣取決於其能否提供精確的預測，因為這是該典範中最重要的目標之一。然而，在相對論典範中，精確的預測不再是唯一的評估標準，因為這個典範強調理論必須符合更廣泛的物理原理和觀察到的現象。

　　因此，不同的典範將對理論優劣有著不同的標準，並且可能強調不同的目標。這也是為什麼不同典範之間無法用相同的觀察語言進行比較，因為它們使用的評估標準和目標不同。

　　這就好比技術分析學派認為，能預測股價下一步走勢的理論，是好的理論。可是價值投資學派認為，預測股價未來走勢沒有那麼重要，能找出長期獲利且具有護城河的公司才是最重要的。

5.即便有相同評估標準，細部要求可能不同

　　如果不同典範有各自的優點，那又如何判定誰是好的典範，誰是比較差的典範呢？比如所有科學家公認一個好的典範必須符合 ABCD 4 個要素，第 1 個典範符合 AC 要素，第 2 個典範符合 BD 要素，如何判定哪一個典範比較好呢？

　　又好比，投資行為上，能賺錢的理論就是好理論，能賺錢就是大家要求共通的標準。可是，不同理論賺錢的要求和定義不同，價值投資的波克夏基金年化報酬率 20% 有人認為很棒，可是高成長學派可能認為 1 年要賺取高於 20% 的報酬才是能賺錢的好標的。

　　總體而言，孔恩的觀點提醒我們，科學不是像哲學家那樣，沏一壺茶，坐在火爐旁的安樂椅上，然後一邊抽著菸斗，一邊想著科學精神應該是什麼樣子。不是的。而是應該走入歷史，看看歷史上那些發生過的科學事件，以及科學家在過去歷史中是如何做

達志影像

▲哲學家必須考察歷史，不能只靠自己的思考找出答案。

研究的。

所以，如果波普腦中那幅科學精神的圖像就是，批判、不護短、不獨斷、理性、保持謙遜、對真理的追求永不放棄的信仰，那麼孔恩對於科學的圖像顯然與波普不同。

孔恩知道他所描述的科學精神特性，哲學家們肯定不會認同。因此，孔恩在《科學革命的結構》一書中說道：「若想說服他們，我得寫一本很長又很不一樣的書才行。」孔恩運用從歷史中尋找

答案的方法，讓哲學家們突然無法反駁。可以確定的是，自從孔恩出現之後，哲學家們發現他們必須仔細地考察歷史，而不能只是靠自己的思考就期望能找出答案。

孔恩和波普都是 20 世紀最重要的科學哲學家之一，他們的觀點和見解在當代科學哲學中都具有重要的影響；然而，孔恩和波普之間存在著一些針鋒相對的觀點和見解。

首先，孔恩和波普對科學發展的認識存在著明顯的分歧。波普認為，科學的發展是一個漸進的過程，通過不斷檢驗和否定假說，逐漸獲得更加精確和可靠的知識。相比之下，孔恩認為，科學的發展是由典範的突破和革命所推動的，新的典範往往會取代舊的典範，導致科學知識的根本性轉變。

其次，孔恩和波普對科學方法論的看法也存在著差異。波普強調科學假說的可檢驗性，認為科學研究應該通過不斷檢驗假說來進行確認或否定。相比之下，孔恩認為，科學研究是在典範的指導下進行的，而典範本身可能並不容易被檢驗和確認。

最後，孔恩和波普對科學真理的看法也有所不同。波普認為，

科學研究的目的是發現真理，並且通過不斷檢驗和否定假說來逼近真理。相比之下，孔恩認為，科學研究的目的不僅是發現真理，同時也包括了解科學知識的歷史和社會背景。

總之，孔恩和波普的觀點和見解存在著一些重要的差異。孔恩強調科學發展的革命性，注重科學研究的典範和動態性。而波普則強調科學假說的可檢驗性，注重科學研究的漸進性和真理性。儘管存在差異，但孔恩和波普的思想都對當代科學哲學產生了重要的影響。

1-4 美國投資界的典範移轉事件——柏格創立指數投資基金

約翰·柏格（John Bogle，1929 年～ 2019 年）是指數投資界的重要人物，也被稱為指數投資之父。他是美國的投資家和金融家，以創立先鋒集團（Vanguard Group）和推動指數基金而聞名。

柏格在 1976 年創立的 Vanguard Group 是第 1 家推出指數基金的投資管理公司。他提出了被動投資的理念，主張投資者應該追隨整個市場指數的表現，而不是嘗試進行個別股票的選擇或市場時間點的預測。他認為長期來看，主動管理的基金難以超越整體市場的表現，而且高費用對於投資回報造成了壓力。

柏格的理念和指數基金的興起，對整個投資界產生了巨大影響。指數基金以其低成本、多元化和長期投資的特點吸引了廣大投資者，成為許多人投資組合的重要組成部分。柏格的貢獻被廣泛讚揚，他被譽為指數投資的先驅和奠基人。

約翰‧柏格在《約翰柏格投資常識（十週年紀念版）》一書之中，在第 16 章節當中提到典範的概念。該章節一開頭就以「新典範？」作為該篇的起始討論主軸，研究所謂的智能投資 ETF（也稱為因子投資）是否是新的投資典範。因子指數產品的信徒自詡為「哥白尼的新學說」，四處宣傳並聲稱他們為投資人帶來了「新典範」；他們保證目前的投資典範──指數投資，即將進行「重大典範移轉」。

這本書共有 20 個章節，而在某個章節中的一小段文字，顯示出美國投資人已經普遍具有「典範」的概念。孔恩的「典範移轉」，也存在於美國的投資界以及專業經理人的認知當中。

大家對於典範或是偶像或許不陌生，畢竟我們人生常常會有目標，或是我們學習的對象，這些都可以統稱為我們人生的「典範」。可是對於典範的形成方式、典範的移轉過程，或是在典範指導下的學習方法，我們沒有清楚的概念。沒有這樣的概念，典範常常淪為「莫名的崇拜」。

本人引用柏格在書中的觀點，是想向各位讀者傳達，這本書將孔恩對於科學結構的描述，套用在投資理財領域，並非出自我徐

世鑫本人之創造。這個觀念和概念，早在台灣之前，美國投資市場就已廣泛存在超過數十年以上。也許是因為台灣教育不太重視哲學思考，或者是我們對科學研究的起步比西方社會晚，所以台灣人不太擅長進行哲學思考。我希望透過這本書，能為台灣的投資人帶來新的思考方向。

借用前人智慧
釐清投資遇到的難題

1-5

我們台灣教育對於知識的學習，正如大家的認知，就是填鴨式的教育。我們把知識搞得像是哆啦 A 夢的記憶吐司一樣，把這些知識印在吐司上，然後讓我們的學生吃下去。這樣的結果，就只是讓學生可以不用上網 Google 就能得到答案，如此而已。因為 Google 出來的資料，已經透過記憶吐司吃下肚子，變成記憶了。

如果學習只是這樣的記憶，那每個人上網 Google 就好了，為什麼需要學習呢？那學習又學到了什麼？

我很喜歡王榮麟教授在臺大線上課程「哲學概論」討論自由意志的課堂中，對於一位學生提問的回答：

學生問道：「為什麼 18 世紀康德（Immanuel Kant，1724 年～1804 年）的理論，可以回答 20 世紀哲學家因維根（Peter Van Inwagen，1942 年～）的問題呢？」

王教授回答的大意是這樣的：

　　這些留在哲學史的大家，都代表一種分析問題、處理問題、解決問題的進路（approach）。不同哲學家的進路有著天壤之別；可是他們都代表了一種看待問題、分析問題、解決問題的進路。儘管不同哲學家的能力有別，但是他們也都將這些進路想到最深、推到極致。

　　不同的時代和處境要面對的問題都不一樣，但是當我們遇到問題，就會去參考先聖先賢的智慧，所以有的學派會復興。過去某個學派可能逐漸不受重視，可是後來的世界需要解決某些問題時，某個學派就又開始受到重視了。那些偉大思想的力量，會在不同的歷史文化背景下再度展現。我們從歷史中學會的進路，就是要用來分析並處理新的問題。

　　一個有代表性的進路，只要想得夠深，就一定有道理；它不見得對，但是就算錯了也很有價值。當我們在向歷史上的大家學習時，不要急著批判他們，如果一看到就認為這個很爛、那個沒有價值……抱著這種態度來學習的結果，

就不會學到好東西。

想要真正學到好東西，就要跟隨他（哲學大家）的進路好好的思考，找出真正寶貴的東西，而不是急著將他打倒。唯有對他的想法知之甚詳的時候，才能知道他的問題出在哪裡，這時候做出的批判才真正有道理（註1）。

所以，當 A 的理論被 B 打倒，不代表 A 的東西不具價值。唯有跟隨 A 的進路去思考，完全了解 A 的思路之後，我們對 A 表達感謝；因為 A 的思路讓我們知道理論哪裡不足，才讓我們知道 B 的可貴之處。

而所謂的急著批判，就像讀者看了我的書之後，對當中某些面向並不了解，然後急著提出問題，而這些問題我需要再解釋一次，這就不是真正的問題，因為問題的答案書中都有，只是你沒有理解，這時候這個問題就不是真正的問題。真正的問題是了解我這本書想傳達的知識之後，提出連作者自己也沒想到的問題，這個

註1：引用來源：王榮麟。臺大開放式課程「哲學概論」單元27〈自由意志〉，0時36分0秒～0時45分5秒。

問題才是真正的問題。

　　所以我這本書闡述的內容，並不是新的概念。我只是借用前人的智慧，試圖將孔恩（Thomas Samuel Kuhn）的那種對於科學精神的思想進路，拿來分析我們台灣目前的投資環境，想要以不同的角度來看待投資理財，試圖解決大家對於投資問題的各種困惑和混淆。

　　這章節講述了科學家、哲學家、史學家對於科學精神的不同看法，並不是說波普（Sir Karl Raimund Popper）打敗了胡適，然後孔恩打敗了波普，然後導出孔恩才是唯一正確然後其他人都是錯誤的這樣的結論。不是這樣的。每種理論都有其正確與不足之處，沒有絕對的錯誤與絕對的正確。有時候一個理論只是能夠解釋比較多現象而已。所以我們應該隨著哪些人的思想進路，了解他們為什麼會有這樣的思維？當中的不足之處在哪裡？然後學習到每個人的智慧，應用在解決我們現在自身的問題上。

　　不過可以確定的是，科學不像哲學家描述的那樣。孔恩從歷史歸納出科學演進的過程，也歸納出正確進行科學研究的方法。自從孔恩從歷史上歸納出科學的進展之後，促使哲學家往後面對科

學的問題，都要去研讀歷史，這也是孔恩所帶來的改變。所以我
們幾乎可以很確定的說，投資是一門科學，而且必須以具有科學
精神的方法來累積知識。

第2章

洞悉股市發展歷史

2-1 投資前了解金融商品本質 以利做好風險控制和投資規畫

投資市場有非常多的種類，而本書主要著重在「股票現貨市場」。股票現貨市場是指投資者可以即時買入或賣出股票的市場，也被稱為現貨交易市場或現貨市場。

在股票現貨市場中，交易的股票是實際存在的，而且交易的價格是即時的；投資者可以通過股票交易所或場外交易平台來進行交易，利用市場價格的波動來實現資本利得或損失。

而談論到股市投資，就必須先了解股票的起源和本質是什麼。

股票原始用途在於為公司籌措資金

股票是一種有價證券，所謂的有價證券指的是具備財產價值且可以用來交易的證券，包括政府債券、公司股票、公司債券……等等。

　　證券市場可以追溯到歷史悠久的中世紀歐洲。當時，企業家們開始將風險分散到多個投資人身上，以減少個人承擔風險的程度。這些企業家發行了可以交易的股份或債券，這些證券代表了企業一部分的所有權或債務，並在市場上進行買賣。這種做法不僅讓企業籌集到更多資金，還提高了投資人的流動性和風險分散程度。

　　然而，股票的真正起源可以追溯到 17 世紀荷蘭的東印度公司。當時，荷蘭人非常熱中於到東方貿易，但由於風險極高，籌措資金變得非常困難；荷蘭人便想到了發行股票來籌措資金，股票代表了公司一部分的所有權，持有股票的人可以分享公司獲利。隨著東印度公司股票交易的繁榮，其他企業也開始效仿，逐漸形成了現代股票市場的雛形。

　　在現代，股票市場已經成為各國經濟的重要組成部分，不僅可以為企業籌集資金，還可以提供投資機會和風險分散的機制。股票市場也逐漸發展出了各種衍生商品和投資工具，如期權、期貨、ETF 等，使得投資人可以更加靈活地進行投資和風險管理。

　　總之，股票市場的起源經歷了漫長的歷史，承載著人類對於經

濟活動的不斷探索和創新。現代股票市場已經成為重要的金融工具和投資場所，對於全球經濟發展起著至關重要的作用。

所以，股票作為一種投資工具，其本質就在於集合資金和股東共享公司獲利的模式。想像你和朋友們開了一家手搖飲店，大家各自出資，成立一家公司，然後這家公司的營利由所有股東共同分享。股票的運作模式和理念與此相似，是一個禁得起長期操作，合理且合法的投資選擇。

股票逐漸衍生出多種金融商品，投資人須留心風險

隨著社會不斷發展，人們對於金融商品的需求也不斷增加，股票從原本籌措資金的方式逐漸轉變成多種金融商品之一，以因應投資人的多樣化需求。

當今的金融市場，已發展出了許多複雜的金融商品（例如基金、個股期貨、指數期貨、權證）和衍生交易方式（例如融資融券、當沖、程式交易……等），這些都是股權交易市場的衍生物，因應市場對風險和收益的需求不斷變化而產生，為投資者提供了更具彈性、更多元化的選擇，因此在市場上扮演著非常重要的角色。

但值得注意的是，這些商品和交易方式並非都符合股票最初的本質，各有不同的特點和風險，有些可能偏向博弈或是風險平衡，同時也帶來了一些問題和挑戰。例如，某些衍生交易方式可能會增加市場的風險，並導致市場失衡，在這樣的情況下，可能會對整個市場造成不良影響，甚至引發金融危機。因此，投資人必須謹慎對待，在深入了解其特點和風險的基礎上，謹慎選擇並加以控制風險。

任何事物都具有多種面向和應用方式，就像絕地武士中的西斯和絕地，或太極陰陽圖中的陰陽一樣，都有其正面和反面的存在。例如，台指期（台灣證券交易所股價指數期貨契約）可以被用來平衡風險，在股市高檔時抵擋下跌的風險，這是正面的應用。反面的應用，卻只是單純地找人來對賭台股的漲跌。這兩種應用方式各有其存在的價值，取決於個人的偏好、價值觀以及投資者的經驗和技能。

當然，除了台指期，像融資融券、期權（選擇權）、權證等等，都是相對高階的金融商品，需要較深入的知識和經驗才能掌握。但這些商品也有其正面的用途，比如融資融券可以讓投資者借入資金增加購買力，期權可以用來避險或套利，權證可以增加賺取

利潤的機會等等。當然,如果操作不當或沒有足夠的風險控制能力,這些商品也有可能帶來巨大的損失。因此,在進行這些商品交易前,必須了解其特性和風險,並做好風險控制和投資規畫。

此外,還有一些股權交易的變體,比如私募股權、資產管理、對沖基金等等,這些交易方式更為專業和高階,需要更加豐富的知識和經驗。私募股權是一種非公開市場的股權投資方式,通常針對資金較大的機構或個人投資者。資產管理是指將資產進行有效配置和管理,以實現最大化的投資回報。對沖基金是一種以對沖策略為主要投資方式的基金,旨在降低投資風險並實現穩定的投資回報。

總而言之,股權交易是一個多樣化的市場,各種不同的交易方式和金融商品都有其正面的用途和貢獻,也有可能帶來風險和損失。因此,投資者需要有足夠的知識和經驗,以及良好的風險控制和投資規畫,才能在股權交易市場中獲得長期的投資回報。

所以,有沒有發現,這麼多種的投資工具,光看這些描述就眼花撩亂,每一種背後都有其運作原理和需要具備的投資知識,一般投資人怎麼能有這樣的專業能力去處理每一種投資商品呢?

2-2 台股歷經3階段發展 投資理論百家爭鳴

　　西元 1953 年（民國 42 年），台灣推行耕者有其田政策，為了讓地主能夠接受政策，政府發行了土地實物債券，其中搭配了台灣水泥、台灣紙業、台灣農林、台灣工礦等 4 大公營事業的公司股票，作為收購土地的補償代價。這個舉措不僅解決了土地問題，也開啟了台灣股票市場的先河，讓更多人能夠參與股票投資，為台灣的經濟發展做出了貢獻。

　　除了耕者有其田政策，台灣在 1960 年代推行了以「加速工業化」為主軸的經濟發展策略，股票市場也因此快速發展。在 1980 年代，台灣股市開始採用電腦化交易系統，成交量也逐年增加。1990 年代後，隨著台灣進入知識經濟時代，高科技產業興起，股票市場更是熱絡非凡。這些歷史事件都對台灣股市發展產生了深遠的影響。

　　從那時起，台灣股票市場也隨著國家的發展而逐漸成形，經過

多年的發展，現在已經相當成熟，除了一般的股票交易外，也出現了許多複雜的金融商品，以及各種交易策略和投資方法。在這個多元的市場中，投資人可以依據自己的需求和風險承受能力，選擇最適合自己的投資方式，並且透過科學的方法和研究，找到真正屬於自己的獲利方法。

　　而這段過程，可以簡化為 3 個階段：

1951年～1990年》台股暴漲11倍與經濟泡沫破裂

　　1951 年至 1990 年期間是台灣經濟發展史上極具傳奇色彩的時代。當時台灣政府大力推動出口產業，吸引大量外資投資，造就了一批成功企業家和優秀技術人才，也帶動了台灣經濟的高速增長。這段時期台灣錢多得像是淹腳目一般，甚至成為全球最有錢的國家之一。

　　股票集中市場於 1962 年啟動，但直到 1986 年，市場才首次突破 1,000 點，反映出當時台灣股市的脆弱和不穩定。然而，接下來的 4 年時間內，台灣股市經歷了前所未有的高速成長和瘋狂，1990 年台股指數一舉突破 1 萬 2,682 點的歷史高點，指

數上漲超過 11 倍。這段時期，台灣股市蓬勃發展，投資者熱情高漲，許多人都視投資股票為一條發財致富的捷徑，有人甚至將所有家產投入股市，掀起一股熱烈的投資熱潮。

然而，這股狂熱終究是不可持續的。1990 年代初期，台灣股市開始走下坡路，經濟泡沫破滅，許多投資者因此損失慘重。不過，這段歷史仍然值得紀念，它反映出台灣經濟發展的奮鬥歷程和投資市場的風雨兼程。

1991年～2016年》萬點成天花板，經歷2次大崩盤

在 1991 年，蘇聯解體後，世界各國開始進入一個全新的時代。這個時代中，不再有大規模的戰爭，國際關係和平穩定，各國可以專注於發展和進步，台灣在此時期的轉型中扮演著重要的角色。新竹科學園區的建立使得台灣從傳統產業轉向高科技產業，成功地實現了產業的升級和轉型。而在中國，上海證券交易所和深圳證券交易所的成立，則象徵著中國開始追求經濟改革與發展，並在全球經濟體系中扮演更重要的角色。

在這個和平的時代中，世界的發展和進步已經成為全球的共同

目標。透過不斷的技術創新和製造業的轉型,許多國家都取得了經濟上的成就。除此之外,金融產業也開始進行改革和創新,以更好地支持全球經濟發展。但是,隨著全球化的進程不斷加快,全球經濟體系也變得更加複雜和相互依存,經濟危機也愈發頻繁和嚴峻。

在當時的全球環境下,全球股市曾經經歷了 2 次大規模的系統性崩盤,分別發生在 2000 年的科技泡沫和 2008 年的金融危機中。除此之外,還有亞洲金融危機、歐債危機等一系列小型風暴不時的發生。這些全球經濟環境的調整過程,讓台灣股市形成了一種「逢萬必跌」的氛圍。

在這樣的背景下,台灣的投資環境面臨著許多挑戰。反覆出現的股市泡沫讓投資人對於長期持有股票失去信心,甚至有些前輩會將股票視為賭博,教導子女遠離股市。此外,由於台股的起伏,指數投資與長期獲利的概念也未能深入人心,「存股」的風氣也不普遍。

台灣股票市場在這個階段還有一個特點,就是「高殖利率」,這主要是因為台灣的上市公司相對於其他亞洲國家來說,更加注

重現金股利（股息）的發放。這些公司通常有較高的現金流量，並且將一部分利潤用於支付股息，以回饋給股東。此外，台灣股票市場的股價相對較低，因此其股利發放率自然也相對較高。

所以在這個階段的投資人如果要進行長期投資，通常會選擇高殖利率的股票；也因為「逢萬必跌」的原因，這個階段的投資人並不追求股價的長期增長。

2003 年，元大證券發行了「元大台灣卓越 50 基金」，是台灣第 1 檔可在證券市場交易的指數股票型基金（ETF），也就是現在廣為人知的 0050。然後在接下來的 2007 年發行了「元大台灣高股息基金」，也就是 0056。這兩檔 ETF 在這個階段，造就了兩種不同族群的投資人。

在台灣的投資環境中，0050 和 0056 是相當受歡迎的投資商品。0050 是一種以成分股的整體市場表現為基礎的 ETF，能夠滿足長期投資的需求。然而，不少投資人更習慣將其用作賺取買賣價差的工具。這是因為 0050 與大盤走勢高度相關，因此這批投資人傾向於在大盤接近萬點時賣出，而在大盤跌破 10 年線時則買進；這樣低買高賣的反覆操作，就可以達到獲利的目的。

　　而 0056 這檔 ETF 的成分股是一籃子高股息股票，投資策略與 0050 截然不同。相較於追求波段獲利或長期投資的 0050 投資人，0056 的投資人更著重於收取股息，他們相信，股價的上下波動不可避免，但只要長期持有，不受短期波動的干擾，就能夠在股票的漲跌中獲得穩定的回報。因此，0056 投資人不太注重帳面價值的波動，而更關注每年能領到多少股息（詳見圖 1）。

　　在這種投資策略下，0056 的股票組合由基金經理人預測並挑選一籃子高股息股票，通常包括公用事業、金融股等分紅穩定的產業。身為投資人不用自行選股，只要持有這檔標榜高股息的 ETF 就能享受股息分紅，追求長期的穩定收益。

　　這樣的市場規律運作了 20 幾年後，台灣的投資環境迎來一系列的事件，讓「逢萬必跌」這樣的規律產生了鬆動。

2017年～2023年》台股萬點從天花板變地板

　　在 2017 年，隨著全球經濟的擴張，台灣股市再次創下萬點的高峰，引起了人們的關注。而與之前不同的是，這次的萬點看起來似乎能夠長期穩定維持。這是因為在當時，全球經濟持續穩定

圖1 投資0056可領較高股利，但總報酬較0050低
元大台灣50（0050）、元大高股息（0056）試算比較

定期定額	定期定值	定期定股

ETF 定期定額報酬率試算結果

投資標的：	0050.TW
每月投資金額：	10,000 台幣
投資時間：	2008/01/02 - 2015/12/31
累積投資金額：	960,000 台幣
股利金額：	151,237 台幣
總持有股數：	20,300.1619 股
手續費支出：	0 台幣
總投資成本：	960,000 台幣
資產終值：	1,233,235 台幣
損益金額：	273,235 台幣
總報酬率：	28.46%
年化報酬率：	3.18%

上一頁

定期定額	定期定值	定期定股

ETF 定期定額報酬率試算結果

投資標的：	0056.TW
每月投資金額：	10,000 台幣
投資時間：	2008/01/02 - 2015/12/31
累積投資金額：	970,000 台幣
股利金額：	232,411 台幣
總持有股數：	53,115.4073 股
手續費支出：	0 台幣
總投資成本：	970,000 台幣
資產終值：	1,160,572 台幣
損益金額：	190,572 台幣
總報酬率：	19.65%
年化報酬率：	2.27%

上一頁

資料來源：MoneyDJ

增長，而台灣的公司也受惠於此，在國內外經濟環境的穩定下逐漸發展壯大。

然而，當人們還在思考這次股市的長期走勢時，2018 年川普政府對中國開始實施貿易戰，採取了「美國優先」等策略。這個舉動打擊了中國的世界工廠地位，開始撼動全球經濟局勢。隨後，在 2019 年年底開始，新冠肺炎（COVID-19）疫情爆發，隨後

蔓延全球，更導致了各國封鎖邊境與降低國內的經濟活動，全球產業鏈都因此遭受嚴重打擊，原物料以及成品的運輸也開始受到阻礙。

在 2022 年，烏俄戰爭的爆發更是使得歐洲依賴俄國的天然氣、全球糧食依賴烏克蘭的小麥與葵花籽，以及全球依賴台灣製造的半導體晶片等問題浮出檯面，全球化的腳步因此開始放緩。

而隨著中國投資環境漸漸失去優勢，全球產業鏈開始逐漸撤出中國；台灣的製造業也因此開始回流台灣，或是尋找其他東南亞國家的機會。儘管全球經濟面臨著種種挑戰，台灣仍然有機會在變動的環境中創造新的機會與成長。

台灣市值最大的企業──全球晶圓代工龍頭台積電（2330），也順應美國與世界的潮流，開始積極在台灣以外的地方設廠。台積電創辦人張忠謀也在台積電美國亞利桑那工廠的移機典禮上表示，「全球化幾乎已死，自由貿易幾乎已死」。

這些事件接踵而至，台股讓人幾乎沒有反應時間，一路從萬點飆升到 1 萬 8,000 點。直到 2022 年，全球最大經濟體美國因

為通膨居高不下，連續調升基準利率，才又讓台灣股市從 1 萬 8,000 點開始下跌，並且迅速跌破 1 萬 3,000 點，讓整個市場哀鴻遍野。很難想像過去以萬點為天花板的台灣股市，竟會在這個位置為投資人帶來極大恐慌。

再從另一個角度看。象徵台灣經濟景氣的「景氣燈號（註 1）」，經歷 2021 年連續數個月象徵景氣熱絡的紅燈後，2022 年年初開始逐漸從黃紅燈轉變為綠燈，而後一路下跌到代表景氣低迷的藍燈。仔細看，2022 年 11 月到 2023 年 5 月連續 7 個月都是藍燈（詳見圖 2），這段期間的股市，竟然都還維持在 1 萬 4,000 點～ 1 萬 6,000 點的位置。

所以幾乎可以確定，台股很難再回到以前萬點以下的狀況，萬點已經從天花板變成地板。這讓上一個階段（1991 年～ 2016年）就開始長期持有股票的投資人，股票資產帳面價值隨著股市

註 1：指國家發展委員會根據數種可反映景氣變化的總體經濟指標，編製「景氣對策信號」（包含分數與燈號），通常會於每月 27 日公布前月資訊，不同顏色的燈號意義如下：「綠燈」為景氣穩定；「紅燈」為景氣熱絡；「藍燈」為景氣低迷；「黃紅燈」及「黃藍燈」為需留意景氣轉向的注意性燈號。

圖2 **截至2023年5月，景氣燈號已連續7個月為藍燈**
景氣燈號

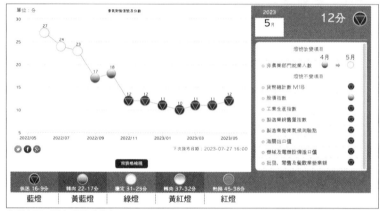

資料來源：國家發展委員會

上升而暴漲。

台股長期上漲，「存股」成投資顯學

2017 年以來也因為網路的發達及自媒體的發展，很多「投資達人」紛紛發表自己長期投資獲利的心得，讓「存股」成為顯學。而大盤指數的上漲，更讓指數型投資回測後的數據非常理想，讓

圖3 2008年～2023年，0050報酬率大幅超越0056
元大台灣50（0050）、元大高股息（0056）投資試算比較

ETF 定期定額報酬率試算結果		ETF 定期定額報酬率試算結果	
投資標的	0050.TW	投資標的	0056.TW
每月投資金額	10,000 台幣	每月投資金額	10,000 台幣
投資時間	2008/01/02 - 2023/07/06	投資時間	2008/01/02 - 2023/07/06
累積投資金額	1,870,000 台幣	累積投資金額	1,870,000 台幣
股利金額	862,563 台幣	股利金額	1,171,559 台幣
總持有股數	37,379.2114 股	總持有股數	122,096.4649 股
手續費支出	0 台幣	手續費支出	0 台幣
總投資成本	1,870,000 台幣	總投資成本	1,870,000 台幣
資產終值	4,780,801 台幣	資產終值	4,070,696 台幣
損益金額	2,910,801 台幣	損益金額	2,200,696 台幣
總報酬率	155.66%	總報酬率	117.68%
年化報酬率	6.23%	年化報酬率	5.14%

資料來源：MoneyDJ

大家也開始覺得從美國發展出來的指數投資，套用在台股上也是不錯的選擇。

也由於台股大盤創新高，0050 與 0056 這兩檔 ETF 的長期績效表現也產生了明顯的差異。不少投資人發現，長期持有 0050 的績效非常可觀（詳見圖 3），所以愈來愈多人開始重視長期投資帶來的豐厚成果，並且懷疑投資 0056 這種以領取高股利為主

的投資策略是否正確。

　　對歷史有這樣的了解之後，我們就能合理地對於長期投資0050 的策略，有個簡單的願景：

　　回顧歷史，假如你在上個階段（1991 年～ 2016 年）買入0050，當時大盤在 9,000 點，2022 年大盤在 1 萬 8,000 點，並且假設你的投資績效翻倍，那麼你的報酬率就是 100%。所以你在 2023 年大盤在 1 萬 6,000 點的時候買入 0050，就是期望台股漲到 3 萬 2,000 點，然後你的投資獲利就會翻倍。

　　你是這樣期待的嗎？台股何時可以漲到 3 萬 2,000 點？我想沒有人知道，可是我敢肯定的是，在 2016 年以前，沒有人認為台股會漲到 1 萬 8,000 點；因為那時候萬點是天花板，很少人會選擇在 9,000 點時大舉買入 0050，然後期望它漲到 1 萬8,000 點。能有這樣遠見的人，很少。

　　當年我就是這樣操作的。2012 年總統大選，3 組候選人分別是蔡英文、馬英九與宋楚瑜。我看好馬英九當選之後帶來的兩岸關係穩定發展，所以選前買入 0050。

2012年，棒喬飛用股票獲利買入精品行李箱
棒喬飛部落格紀錄

喬飛的生活日誌

2012年1月24日 星期二

新年新禮物 [RIMOWA Topas]

過年到，穿新衣，戴新帽，買新禮物...

資料來源：喬飛的生活日誌

在投票前一天（1月13日），宏達電（2498）董事長王雪紅力挺表態支持馬英九，選後馬英九當選，股價果然迎來一波上漲。我當時就賣掉手中0050持股，將獲利購入2個RIMOWA行李箱（詳見圖4）。

由於台股創新高，幾乎沒有人賠錢，所以各種投資理論在這個時候來到了百家爭鳴的狀態。

　　我 2011 年在《Smart 智富》月刊分享我存股的初步成果，之後就銷聲匿跡。因為我需要專注於本業的收入，才有閒錢投入股市存股；直到 2020 年才完成財富自由的目標，並離開職場。2021 年我出版了《傻多存股法》一書，闡述我這個 45 歲中年大叔，是如何透過存股產生被動收入，靠著財富自由離開職場的故事。

　　中國企業小米集團的創辦人雷軍說過一句話：「創業，就是要做一頭站在風口上的豬，風口站對了，豬也可以飛起來。」我會不會是那頭豬？我能夠飛起來的原因只是因為我站在風口上？如果我的過去只是運氣好，先別說我如何將這個成功經驗複製到讀者身上，我連我未來能否複製我自己過去的成功經驗我都會感到懷疑。

　　我會這樣懷疑，是因為當我回顧台灣的投資歷史，我發現在 2016 年之前，很少人相信長期投資，所以那時候存股的人很少。可是 2016 年像是一個時空門，跨越之後來到一個世界，這個世界相信台股能上看 3 萬 2,000 點，能夠長期投資致富，認為 0050 回測過去資料的結果也能複製到未來。如果未來 20 年，台灣股市回到過去型態，進入 1 萬 4,000 點～ 1 萬 8,000 點

之間來回震盪，那麼 0050 的績效還會像過去 20 年回測績效一樣好嗎？

所以，我開始思考這個問題，試圖找到能解決我疑惑的答案。很幸運的，我在探索哲學這個領域的時候，找到了我要的答案。我迫不及待地寫下這些浮現在我腦中的知識和想法，想要分享給各位讀者。

就讓我們繼續探索下去。

2-3 借鑑美國市場 持續創新、發展投資方法

　　美國投資市場的發展史可以追溯到 18 世紀，當時的美國還是英國的殖民地，但已有人開始進行股票交易，並在 1790 年成立了第 1 家證券交易所──費城證券交易所，開啟了正式的證券市場。1792 年 5 月，24 位股票經紀人在美國紐約華爾街一棵梧桐樹下簽署了「梧桐樹協議（Buttonwood Agreement）」，被認為是後來紐約證券交易所的起源。

　　進入 19 世紀，紐約證券交易所在 1817 年正式成立，成為美國最重要的證券市場之一。而在 19 世紀中期，鐵路建設和西部殖民擴張的需求，進一步促進了美國證券市場的發展。

　　到了 20 世紀初期，許多新興企業開始在證券市場上發行股票，並在 1920 年代出現了股市投機狂潮。1929 年的股市崩盤導致了大蕭條，這也促使美國政府實施更嚴格的證券監管措施，如《1933 年證券法》和《1934 年證券交易法》，以確保投資者

的權益和市場的穩定。

20 世紀後期，隨著科技進步和全球化趨勢，美國的投資市場
更加複雜和多元化，新的金融工具如衍生性金融商品出現，電子
交易平台也改變了交易方式。另外，投資者對環境、社會和公司
治理問題的關注則推動了投資市場的發展，出現了更多專注於負
責任投資的投資機構和基金。

美國投資市場成熟，市場監管體系完善

在投資市場上，美國一直被視為全球最大的金融市場之一，其
發展的腳步也在許多方面引領全球市場。例如，美國推出的資本
市場規範和監管制度，被視為全球最為完善和有效的市場監管體
系之一，成為許多國家和地區發展金融市場的借鑑對象。

此外，美國的股票市場、債券市場、期貨市場、衍生品市場等
各類金融市場也擁有龐大的規模和深度，吸引了大量國內外投資
者的參與和關注。美國的金融機構和金融科技企業也在不斷地創
新和發展，如高頻交易、數字貨幣等新興領域，都引領了全球金
融市場的發展方向。

在台灣的投資市場上，在過去幾十年來也逐漸發展出了自己的特色和趨勢。

首先，台灣股票市場的發展相對較晚，直到 1980 年代初期才正式開始。不過，隨著政府積極推動金融自由化和開放，以及多家外資金融機構進駐台灣，台灣的投資市場也開始快速成長。

其次，台灣股市的特色是以技術分析為主，許多投資人會運用圖表、移動平均線等技術指標進行交易策略。此外，台灣股市的投資人以散戶為主，且具有明顯的情緒化特性，對於政治、經濟、國際局勢等因素都高度敏感。

台灣投資市場較年輕，亦開始朝向多元化發展

台灣和美國都是具有發達投資市場的國家，但是在市場大小、市場結構、法規制度等方面有所不同：

◆**市場大小**：美國是全球最大的股票市場之一，擁有眾多的上市公司、投資者和交易平台。相較之下，台灣的股票市場較小，上市公司數量也較少。

◆**市場結構**：美國股票市場相對分散，有許多大型的交易平台和證券公司，股票市場也有著豐富多樣的產品，例如股票期權、指數股票型基金（ETF）等。台灣股票市場則相對集中在台灣證券交易所，產品種類也較少。

◆**法規制度**：美國有著完善的投資法規制度，其中最著名的是《1933 年證券法》和《1934 年證券交易法》，這兩部法律為投資者提供了保護。台灣的法規制度相對年輕，但隨著市場發展也逐漸完善。

除了上述 3 點之外，美國和台灣的投資市場還存在著一些其他的差異。例如，在股票市場中，美國的投資者更為多樣化，包括個人投資者、機構投資者、專業投資者等，而台灣的投資者以個人投資者為主。此外，在投資產品中，美國的投資者也更加注重資產配置和風險控制，這在台灣的投資界中相對較少見。

綜合以上可以發現，在西方世界，哲學思考和科學精神一直是重要的文化特色。在金融領域中，美國作為歷史悠久的金融中心，已經有數百年的發展歷史。這些年來，美國金融從業者已經發展出一套基於哲學思考、秉持科學精神和採用科學方法的投資方

法。這些方法不僅強調風險管理和資產配置，還注重資訊收集、分析和預測，並結合了現代科技的應用。這些投資方法的不斷創新和發展，讓美國成為世界上最具影響力的投資市場之一。

相較於西方世界，台灣的金融和投資體系起步較晚，且台灣對哲學思想教育較不注重，因此目前的投資市場仍停留在個人單打獨鬥的階段。不過，隨著知識普及和投資教育的加強，台灣也開始出現了一些藉由規則篩選成分股的 ETF，投資人逐漸開始尋求系統性的投資方法，以擺脫個人單打獨鬥的困境。台灣的投資市場正逐漸朝向透明化、多元化、專業化發展，政府也積極推動相關法規改革和創新金融產品的推出，這些都有助於提升投資市場的競爭力和吸引力，促進台灣經濟的發展。

身處於台灣這樣的小型投資市場，與美國歷史悠久、系統龐大、制度健全的市場相比，我們作為普通的投資者，該如何學習並跟上這樣的腳步呢？而我們目前又面臨什麼樣的困境？我將在接下來的章節中繼續探討。

第3章

解決個人投資困境

3-1 從投資策略變化史 理解散戶常見的投資困擾

　　由於台灣投資環境起步較晚，目前台灣投資人普遍以散戶的型態居多。而投資者的行為，我們可以從一篇法院的裁判書來略窺一二：

　　裁判字號：臺灣最高法院 105.01.13 一百零五年度臺上字第 49 號裁判書

　　裁判日期：民國 105 年 01 月 13 日

　　資料來源：司法院

　　要旨：證券市場，乃企業與社會大眾資金流通及資本形成之主要平台。企業藉由此一市場，得以發行有價證券（公司債、股票等）籌措長期且安定之資金，社會大眾亦可經由此市場購買企業所發行之有價證券，以分享企業經營之成果，並尋求較佳之投資理財管道，獲取較好之投資報酬率，乃資本市場體系中相當重要之一環。其因此衍生之損害賠償事件，其複雜性與專業性，較諸公害事件、交通事件、商品製造人責任及醫療糾紛等事件，毫不

遜色。

尤以我國目前之證券交易市場，仍屬淺碟式之型態，投資人亦以散戶自然人居多，其習性恒喜追逐小道消息或聽信耳語，經由口耳相傳之結果，易使不實之消息，充斥流傳於市場之間，誤導投機性格較強之投資人作成錯誤之判斷。

（以下省略）

台股為淺碟市場，小型公司股價易受消息面影響

這份判決書很清楚指出，台灣是一個淺碟市場，投資人的組成結構又以散戶占多數。

而淺碟市場也稱為「散戶市場」，通常是指交易量比較小、股權分散、價格波動性大的市場。這類市場常常涉及小公司或新興公司的股票，這些公司的市值通常較低，所以其股票交易量也比較小，很多時候由個人投資者進行交易。這些散戶投資者相對於機構投資者和專業投資者而言，交易規模較小，且交易時可能會受到市場信息和分析能力的限制，因此他們的投資行為通常會對

市場產生較小的影響。

　　許多股民習慣透過消息面來決定股票操作，尤其對於新聞敏感度高的散戶而言更是如此。然而，有些公司可能會利用這樣的習慣來進行不實財報或消息的操作，或是透過法規漏洞進行內線交易。這些不當行為，可能會對市場產生嚴重的影響，尤其對於長期投資者而言，更是一大困擾。

　　此外，還有些炒手會結合有充足資金的投資人，透過操縱股市來獲利。這些不道德的投資行為，不僅傷害了其他投資者的權益，也損害了整個市場的公信力。因此，透明化的市場監管及投資者的理性投資意識，顯得更加重要。

　　可惜的是，台灣的政治環境在法規的建立上，有時候速度無法及時跟上市場的變化，這對於淺碟市場來說更是如此，因為公司或新興公司的市值較小，也相對較為脆弱，一旦遇到市場變動，這些公司可能會受到比較大的影響。由於法規建立速度較慢，意味著市場監管可能不夠嚴格，投資者需要承擔更高的風險，讓淺碟市場變得更加不穩定。在這樣的環境下，投資者的操作要能夠獲利就很困難。

棒喬飛投資策略共歷經3階段變化

我本人也是這個台灣淺碟型態投資市場的一員，也經歷過各式各樣的投資困境。所以我想在這個章節分享我遇過的一些令我感到困擾的投資狀況，以及我投資策略的不同階段變化：

階段1》投資初期靠新聞面及景氣燈號投資，但以失敗收場

當我剛開始接觸股票市場時，我試圖尋找一些規則來作為我的投資決策參考。我發現，券商在股市開盤之前會發布關於特定股票的投資評論與建議，因此我開始依據這些券商的投資建議來買賣股票；然而，這樣的投資方法最終證明是沒有效果的。

投資初期，我只知道依照新聞和券商的建議來作為買進賣出的參考，但對於股價波動的過程完全不了解，也不知道該如何處理投資風險。

有時候運氣好買進之後就賺到了，但在股價漲幅達到一定程度時，又不知道該不該賣出。有時候運氣不好，買進之後股價就下跌，卻不知道該不該採取停損策略，甚至停損後該不該再次買進。總之，當時的我，沒有任何標準和原則去做出更明智的投資決策。

　　當我發現依照券商的建議來買賣股票無效後，我開始尋找更客觀的指標。接著，我選擇了國家發展委員會的景氣對策信號來作為買賣標準，因為此指標是根據整個國家經濟的表現所發布的。

　　當時我觀察到當經濟好的時候，景氣對策信號就會發布紅燈；經濟不好的時候就會發布藍燈；當經濟轉折的時候，就會出現黃藍燈或是黃紅燈（詳見圖 1）。而當經濟好，股市就會漲；而當經濟不好，股市就會跌。

　　因此，那時候的我很自然地認為，可以根據景氣對策信號的燈號變化，來判斷股市的狀況並做出買進或賣出的決定；我選擇用和大盤指數同步的市值型指數股票型基金（ETF，例如元大台灣50（0050））來跟隨股市的波動，掌握買進和賣出的時機，希望藉此賺取投資收益。

　　結果，當然就是沒意外的就出意外了，年輕人就是年輕人，股票市場漲跌根本不會和燈號同步，我又再次遇到失敗的結果。

階段2》嘗試看歷史股價、學習技術分析，績效仍不穩定
　　既然靠別人都不可靠，那我只好靠自己了！

圖1 **景氣熱絡時，景氣對策信號會亮紅燈**
景氣對策信號分數與燈號

低迷 16-9分	轉向 22-17分	穩定 31-23分	轉向 37-32分	熱絡 45-38分
藍燈	黃藍燈	綠燈	黃紅燈	紅燈

資料來源：國家發展委員會

　　我開始嘗試通過研究股票過去的走勢來預測未來的漲跌，特別是關注中華電（2412）這檔股票。我發現它的股價很穩定，會在一個固定的區間內震盪，所以我就以過去的低點作為我的買入標準，過去的高點作為賣出標準。還有，在除息發股利之前，股價好像會上漲，除息之後股價會上漲填息。

　　我乖乖依照這些規則來買賣中華電信的股票，期望獲得價差。然而，實驗的結果證明，有時候會賺錢，但有時候也會虧錢。這樣的策略似乎也不是非常穩定，需要進一步改進。

　　接著，我又開始學習技術分析，其中包括 K 線理論、五線譜投資法、波浪理論等。我發現，儘管研究了 K 線理論並嘗試應用，但是獲利並不穩定，有時賺有時賠。因此，我又開始尋找其他理

論，但同樣地，沒有任何理論能夠百分之百正確地預測股市，並且我仍然經常虧錢。這使我感到失望和困惑，我重新思考，認為可能需要研究股票的基本價值來做出更明智的投資決策。

階段3》改採產業龍頭領息策略，成功於45歲財富自由

為了改善投資績效，我決定改變策略。過去，我常常被股價的波動影響，總是想在股價低時買進，高時賣出，但往往因為短期市場波動而錯失良機。因此，我開始尋找穩定發放股利的公司，並選擇長期持有股票。我的理念很簡單，只要選擇一家具有穩定獲利能力的公司，並且持續收取股利，就能在時間的累積下降低成本。

例如，若一檔股票的股價為 100 元，每年發放 5 元股息，我只要收取 10 年的股息，就可以把本金收回一半。之後，即使股價變化不定，也不用擔心會虧本。透過這種策略，我不再追求股價的漲跌，而是尋找穩定發放股利的產業龍頭股，並長期持有以獲取穩健的投資回報。

這套投資策略相對簡單，我沒有花太多時間研究公司的基本面、財務狀況，或產業優劣勢等因素。相反的，我專注於尋找穩

定股利發放，並且是產業龍頭的股票，這些股票通常會具有高殖利率等優勢。透過這樣的投資策略，長期下來我獲得了不錯的投資報酬率。

長期投資策略確實帶來了不錯的結果，加上我對工作收入與生活支出的控管，以及個人心智和性格的訓練，讓我在 45 歲時就能夠離開職場，並靠著股票產生的被動收入維持生活費用。也因此，我進一步將自己的投資經驗寫成一本書《傻多存股法》，希望藉由分享這樣的理財觀念，讓更多人可以透過投資財富自由。

不同投資策略之間，往往彼此衝突

我的第 1 本書分享和記錄了我個人認為的財務規畫方式、對於股票本質的理解，以及實務上買賣股票的策略，還有對於內心惶恐和希望的控制。

可是，儘管我成功了，我卻開始懷疑自己所達成的成果，是否有絕大部分僅僅是歸功於運氣？這套投資策略是否真的有效？能否持續複製？或者是否能夠被別人複製？雖然已達成財富自由的目標並成為他人的財務教師，但我仍然持續的探索與思考。

　　我一直相信自己擁有一套可靠的投資策略。一開始可能還有不足之處，因此我會到處尋找書籍、資料或觀看其他投資達人的影片，從各種媒體和管道收集資訊，以填補自己的盲點。透過投資的失敗或成功經驗，我逐漸加強自己的投資系統，並增加更多的策略。然而，不同來源的資料往往會產生互相衝突或選擇上的困難。我必須仔細思考，並不斷地調整自己的投資策略，以符合不斷變化的市場環境。

　　舉一個例子來說明。假設你一開始的投資策略，是選擇公司基本面穩健的產業龍頭股，後來你發現一些投資達人在短期內靠技術分析獲利很多，於是你開始學習技術分析，並把技術分析加入投資策略中。當你開始實踐時，卻發現產業龍頭股的股價變化和技術分析結果有時候會相互衝突，例如在一般狀況下，技術分析可歸納出穩健經營的產業龍頭股有其股價運行的規律，並能協助投資人評估穩健公司的買點；但如果短期出現特殊事件，導致股價波動劇烈，此時技術分析就會失效。這時候你就需要在兩種投資策略之間做出選擇，或是找到一個平衡點。

　　另一個例子是，當投資人從不同的資料來源中獲得的建議相互衝突時，選擇正確的投資策略變得困難。例如，在投資方面，一

些理財達人會推薦無腦買 ETF 等被動投資策略，而其他人則會建議投資者集中火力買入特定類型的股票，如金融股。這些策略都有其道理，但對於一個不知道如何做出正確選擇的投資人來說，從眾多的建議中找到最佳的投資策略是一個很大的挑戰。

我曾經將短期獲利作為我的投資目標，並使用價差策略來賺取股票的收益。然而，當我接受了一些專家的投資建議後，我開始感到困擾，因為我無法判斷未來的股價走勢，也不知道該如何適時調整自己的投資策略。

當買進的股票價格上漲時，我會害怕過早賣出股票，錯失後續的收益；另一方面，當買進股票下跌時，我又擔心錯過反彈或虧損擴大。

對於如何判斷股價漲跌，投資專家無法給出明確標準。例如，台積電（2330）股價是 560 元，具備專業分析能力的外資券商給出目標價 740 元，那麼當股價漲到 740 元才要賣嗎？或是 600 元時也可以賣？專家或許會提供大方向，但無法即時提供訊息和決策，這讓我難以做出正確的決策。這種情況也讓我開始懷疑，是否短期獲利的方式不適合我，是否需要重新檢視我的投資

目標和策略？

投資決策易受不理性情緒影響，導致選擇困難症

不只外在的影響，內在不理性情緒對股市的反應也困擾著我。

舉個情感方面的例子，有時候我會因為害怕錯過機會，而在市場上跟風追高，但當市場開始下跌時，我會因為恐慌而手忙腳亂，甚至做出錯誤的決策，例如賣出股票或是抱著虧損不賣。這種情況下，我的情感因素影響我的投資決策，使我採取不明智的行動。明明一開始想要買低賣高賺取價差，可是套牢之後就改變策略變成了長期持有。

不只如此，我也曾經對於應該選擇什麼樣的投資商品感到困惑。市場上有房地產、基金、債券、貴金屬、股票、期貨等等商品，有的專家說應該做好股債配置，有的專家則說應該投資自己擅長的項目。那麼，假設我是科技業從業人員，對於產業的發展和趨勢比較熟悉，看起來我應該選擇投資科技類股的股票。這時候我又會再次面臨選擇困難的問題——我應該選擇投資什麼樣的公司？

有人說不要買任職公司的股票，因為一旦公司出問題，工作和投資收入會同步受到影響。當然，也有人說應該買自己任職公司的股票，因為對於公司狀況的掌握度比較高。

假設我想要投資科技公司，我面臨的困境是，必須決定要投資在單一科技公司的股票上，還是投資在科技股 ETF 上？如果我選擇單一科技公司的股票，我可能會在某些情況下獲得更高的回報，但也會面臨較高的個別風險。另一方面，如果我選擇科技股 ETF，則因為投資組合更加多樣化而減少個別風險，但回報率可能會比持有單一公司的股票更低。

如果我要買 ETF，我應該選高成長還是高股息？有達人專家提倡無腦樂活投資元大高股息（0056），可是又有人說 0050 長期績效比較好。那我應該選哪一個呢？

這些都是我個人的親身經歷和經驗。其實不必自己經歷，從網路討論區及相關投資文章裡，都可以收集到一些容易令投資人困擾的投資決策，整理如下：

1. **買入或賣出時機**：投資者常常面臨何時買進或賣出的決策，

特別是當股票價格波動劇烈時。過早的買入或賣出可能會錯失獲利的機會，而拖延的決定則可能會導致損失擴大。

2.**選擇投資產品**：市場上有許多投資產品可供選擇，包括股票、債券、房地產、基金等。每種產品的風險和潛在報酬都不同，投資者需選擇最符合自己風險承受能力和投資目標的產品。

3.**配置投資組合**：投資人需要考慮如何分配投資組合，包括資產分配、風險分散等等。了解自己的風險承受能力，才能判斷什麼樣的投資組合最適合自己，並自行決定投資於多少個不同的產業、地區或資產類別，才能達到最佳的風險和報酬平衡。

4.**發生市場波動時的處理方式**：市場波動是不可避免的，但是對於許多投資者來說，短期波動所引發的貪婪、恐懼、焦慮等這些情感，都會影響到判斷和決策，就連投資多年的老手也可能受到影響，要怎麼在市場劇烈變化時冷靜做出適當的判斷，相信是所有投資人都想修練的功力。適當的風險管理和情緒控制是解決這個問題的關鍵。

5.**投資時間長短**：投資者需要決定要長期投資還是短期交易，

這取決於他們的投資目標、風險承受能力和市場情況等因素。長期投資可能需要更多的耐心，而短期交易可能需要更多的技巧和判斷力。

6. **評估可承受投資風險：**所有投資都有風險，但是風險大小和種類因產品和市場而異。投資者需要評估自己的風險承受能力，並選擇合適的產品和策略來降低風險。

從上述的這些投資決策可以發現，一旦沒有原則，我們便不知道何謂對與錯，也難以做出抉擇。在眾說紛紜、缺乏統一標準的情況下，我們常常感到困惑與選擇困難。

我們所面臨的困擾通常是在經歷過後才產生的。但是否有辦法在我們真正面臨之前就學習並取得某種智慧，以免一再犯錯，然後一直產生困擾呢？就算困擾不可避免會發生，那有沒有一種方法，可以讓我們從中學習並得到解決方案，讓我們未來遇到相同問題就能依照這個方法順利解決？

當我擁有一個特定的想法或目標時，我會開始探討「本質」是什麼。對我而言，這就像是投資股票之前，要先了解股票的本質

一樣。如果想要在某個領域獲得知識，最好的方式是從最基本的面向開始學習和了解。

例如，如果想要學習烹飪，就需要先了解各種食材、烹調方法和廚房設備的基本概念。同樣地，若想要成為一位成功的商人，就需要了解行銷、銷售、財務和管理等基本知識。

因此，在掌握一個領域的知識前，從最基本的概念開始學習是至關重要的。這樣可以建立扎實的基礎，使你能夠更深入地理解和應用該領域的知識。

於是，我接觸了哲學這個領域。哲學作為一門訓練思考的學問，強調以不同的角度探討同一個問題，並尋求對其本質的深刻理解。除了是訓練思考的學問之外，哲學還是各種科學的起源。許多自然科學和社會科學的研究問題都涉及哲學思考的範疇。

當我們遇到問題時，往往感到孤單和無助，但實際上，這些問題在人類歷史上早已被討論過。通過從歷史和哲學的角度去尋找答案，我們可以借鑑前人的經驗和智慧，從而更深刻地理解問題本質和解決方案。

　　當我在學習哲學的過程中，發現了哲學中有關「科學精神」的概念時，感到如獲至寶。科學精神是西方哲學思想中的一個重要概念，它強調的是追求真理和知識的精神。

　　在歐美，科學精神已經被應用於各個領域，包括自然科學、社會科學、人文科學等，並對其發展起到了重要的推動作用。而在我們台灣的投資環境中，同樣也可以運用科學精神來解決投資上的問題。

　　如果投資是科學，那我們就要找出當中的典範，這樣我們從事投資研究活動的時候就有了依循。

3-2 從當前的4大投資學派 選定想依循的典範

科學研究是在不同的世界中進行的，每個世界都有自己的價值觀和特點。實際上，想理解典範並不是如此容易，無法僅透過簡單的原則就能完全理解。為了更好地釐清概念，我們只能就不同的典範特性進行大致的說明。

接下來就來說說美國這個發展成熟的國家，目前有哪些投資學派？它們的世界觀又是如何？

典範具有以下 2 種特徵：

第 1，擁有前所未有的成就，所以能夠吸引追隨者的青睞。

第 2，一個成功的典範也必須擁有一個能夠揮灑的研究空間，這樣團體才能夠在這個空間中，不斷地解決各種難題，進而提高團隊的能力。

值得一提的是，這樣的研究空間，也需要提供足夠的支持和資源，讓團體可以自由地發揮創意、實驗新理念。因此，典範的特徵不僅僅是擁有成就和吸引力，更是一個良好的團隊環境和強大的支持力量所形塑而成。

在美國的投資市場中，主要的投資典範可歸類為 4 大學派，包括價值投資、成長投資、指數投資和技術分析 4 種。以下分別對這 4 個學派進行說明：

價值投資》當公司股價低於價值時即買進

價值投資是美國投資市場中的一種主要投資學派，它的核心理念是投資者應該尋找低估的公司股票，並長期持有這些股票，以下是價值投資學派的代表人物：

班傑明・葛拉漢

班傑明・葛拉漢（Benjamin Graham，1894 年 ～ 1976年），被投資界稱為「價值投資之父」。葛拉漢畢業後即進入華爾街的證券公司工作，1923 年成立第 1 個私人基金，1926年又與友人成立葛拉漢・紐曼合夥事業（Graham-Newman

Partnership），後於母校哥倫比亞大學授課，最出名的學生為華倫‧巴菲特（Warren Buffett）。

葛拉漢的投資策略強調需研究公司的基本面，尋找被低估的股票，且股價必須有安全邊際（價格低於價值到一定程度）再買進，他將這類標的稱為「菸屁股」——只剩下抽最後一口的價值。他的投資績效曾連續 20 年擊敗大盤，於 1934 年出版的《證券分析》（Security Analysis）和 1949 年出版的《智慧型股票投資人》（The Intelligent Investor）這兩本著作，被價值投資者視為必讀經典。

華倫‧巴菲特

華倫‧巴菲特（1930 年～），是當今世界上最著名的投資家之一，被眾多投資人稱為「股神」，為波克夏海瑟威（Berkshire Hathaway）公司董事長，是世界上最富有的人之一。

巴菲特的投資策略以價值投資為核心，早期採取恩師葛拉漢的「菸屁股」策略，而後受到投資夥伴蒙格（Charles Thomas Munger）影響，轉而尋找價格合理、具備強大競爭優勢的好公司；巴菲特曾描述自己的投資風格有 85% 是葛拉漢，15% 是菲

利普・費雪（Philip Fisher）。

　波克夏公司發表年報時釋出的「給股東的信」被眾多投資人視為每年必讀的投資指引。巴菲特曾發表過許多投資名言，包括：「你不需要成為通曉許多公司的專家，你只需要能評估在能力圈內的幾家公司就夠了。」「如果不打算投資一家公司 10 年，那麼連 10 分鐘都不應該擁有。」「投資的第 1 個原則就是不要賠錢，第 2 個原則是不要忘記第 1 條。」等，是近代價值投資人尊崇的對象。

　我們可將價值學派典範的世界觀視為如下的狀態：

　當一家公司的價值被低估，股價跌至 A 時，就勇敢買進。持有這些股票長期經過 T 的時間，便可以得到豐厚的報酬。即使經歷了漫長的時間 T，股價上升到 B（詳見圖 1），價值投資者也不會輕易出售他們手中持有的股票，這就是價值投資者的特性。

　以因果關係來說，在價值投資的世界觀中，優秀的公司必定能長期穩定地獲利，因此只要時間夠長，就能獲得投資回報（詳見圖 2）。原因是正確的（選擇優秀的公司），結果必定是正確的

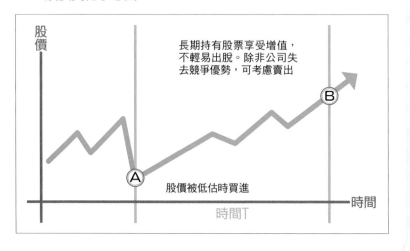

圖1 價值投資學派不輕易出脫持股
股價變化示意圖

股價

長期持有股票享受增值，
不輕易出脫。除非公司失
去競爭優勢，可考慮賣出

B

A

股價被低估時買進

時間

時間T

（長期穩定獲利）；反之，若選擇的公司不佳，回報就會受到影響。

成長投資》專注於尋找具高成長潛力的股票

　　成長投資是美國投資市場中一種主要的投資學派，它的核心理念是投資者應該尋找具有高成長潛力的公司股票，通常在技術、醫療保健、電子商務等領域的公司有較高的成長前景。以下是美

圖2 **價值投資學派認為長期持有優質股，即可獲利**
價值投資學派選股因果關係圖

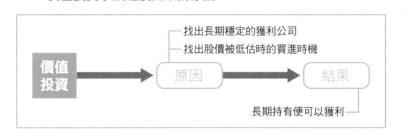

國投資市場成長投資學派的代表人物：

菲利普 · 費雪

　菲利普 · 費雪（1907 年～ 2004 年），是著名的成長股投資人，其著作《非常潛力股》（Common Stocks and Uncommon Profits）被視為近代投資界的經典之作，書中提出了選擇優質股的 15 要點。他的投資策略強調對公司進行深入的研究，集中投資並長期持有成長潛力強的公司。

彼得 · 林區

　彼得 · 林區（Peter Lynch，1944 年～）曾於富達投資管理公

司旗下麥哲倫基金擔任經理人 13 年，期間創造 29% 的年化報酬率，被市場譽為傳奇經理人。著有《彼得林區選股戰略》（One Up on Wall Street）、《彼得林區：征服股海》（Beating the Street）等書，最聞名的投資哲學是在日常生活中尋找具備成長潛力的股票。

吉姆·史萊特

　　吉姆·史萊特（Jim Slater，1929 年～ 2015 年）認為投資應該將投資範圍縮小到自己擅長的領域，鎖定具備獲利成長潛力的中小型股，以追求資產成長的爆發力。他提出可用「本益成長比」（PEG）來為成長股估價，著有《祖魯法則》（The Zulu Principle）等書。

約翰·聶夫

　　約翰·聶夫（John Neff，1931 年～ 2019 年）曾擔任威靈頓管理公司的經理人，被譽為是結合價值和成長投資的代表人物之一，著有《約翰·聶夫談投資》（John Neff on Investing）。他的投資策略強調尋找低估的公司股票，但同時也尋找那些有高成長潛力的公司股票，選股標準包括低本益比、具備盈餘成長性、有股息保障等。

威廉‧歐尼爾

威廉‧歐尼爾（William O'Neil，1933 年～ 2023 年）是著名的成長股投資人，著有知名暢銷書《笑傲股市》（How to Make Money in Stocks）。投資策略「CANSLIM 選股法」同時涵蓋基本面、技術面及籌碼面，包括具備獲利成長性、股價走勢強勁、有法人籌碼進駐……等。

小湯瑪士‧羅威‧普萊斯

普萊斯（Thomas Rowe Price, Jr.，1898 年～ 1983 年）於 1930 年代提出「成長股哲學」，為普信集團（T. Rowe Price Group, Inc.）創辦人。1950 年創立普信成長股票型基金（T. Rowe Price Growth Stock Fund），專門投資大型成長股；10 年後成立「新地平線基金」（New Horizons Fund），則鎖定新興成長企業，都創下優異的報酬率。

成長投資和價值投資的形式相似，但成長投資更關注尋找具有高成長潛力的股票。它們的投資世界觀可透過圖 3 表示。與價值投資相比，成長投資有以下 3 個不同之處：

第 1，買進時機 A 不一定是低估時機。

圖3 當公司失去成長性時，成長投資學派即會賣股
股價變化示意圖

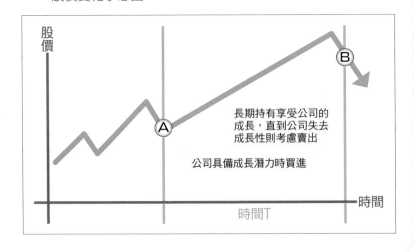

第 2，價值投資尋找穩定成長的股票（如可口可樂，Coca-Cola），等待股價被低估的時機。成長投資尋找具有高成長潛力的公司（如特斯拉，Tesla），側重於尋找高成長潛力的公司，而非低估的公司。

第 3，價值投資和成長投資經常都需要時間 T 來實現投資回報。不過，如果公司不再有成長潛力時，成長投資者會在 B 時機點出

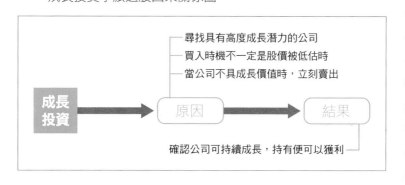

圖4 成長投資學派買入持股時，股價不一定被低估

成長投資學派選股因果關係圖

售股票，因此持有時間長短不是最重要的條件。

成長投資的因果關係如圖 4。

指數投資》追求與大盤同步的長期報酬

指數投資是一種被廣泛使用的投資方法，在美國的投資市場中占有重要地位。以下是美國投資市場中被視為指數投資學派的代表人物：

約翰‧柏格

約翰‧柏格（John Bogle，1929 年～ 2019 年）是指數投資學派的代表人物。他創立了先鋒公司（Vanguard）並推出了第 1 檔指數基金——標普 500 指數基金。他是指數投資的重要倡導者，認為相較於主動管理式的投資，低成本的被動式指數投資是最適合一般人且具高效率的投資方法。

波頓‧墨基爾

波頓‧墨基爾（Burton Malkiel，1932 年～）為普林斯頓大學經濟學系化學銀行講座退休教授，1973 年出版的著作《漫步華爾街》（A Random Walk Down Wall Street），被認為是指數投資的經典著作之一。他認為市場是有效的，投資者很難獲得超額報酬，因此指數投資是最好的投資方法。

查理‧艾利斯

查理‧艾利斯（Charles Ellis，1937 年～）是一位知名的投資顧問和作家，著有《投資終極戰》（Winning the Loser's Game），書中講述對指數投資的支持。他認為，主動投資是輸家的遊戲，散戶難以打敗市場，但可以透過指數投資贏過多數投資人。

圖5 指數投資學派不特別追求買進時機
股價變化示意圖

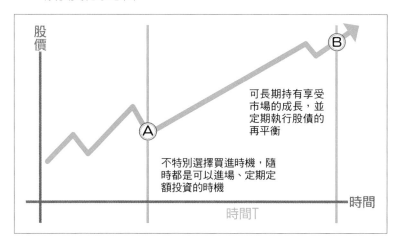

指數投資的投資策略是不要買單一股票，而是購入一籃子股票，追求長期表現與大盤同步，我們可以用圖 5 來表示指數投資的投資策略，因果關係如圖 6。可以看到指數投資的特點如下：

①不需要追求特定股價被低估的時機，股價 A、股價 B 都可以是買進點。

②經過時間 T 之後，一籃子股票的股價必定會上漲。

③一籃子股票的股價指數必須緊跟大盤指數。

技術分析》根據歷史資訊預測未來股價走勢

技術分析是美國投資市場中另一種廣泛使用的投資方法，該方法通過分析市場價格和成交量等資訊，試圖預測未來股價的走勢。以下是美國投資市場技術分析投資學派的代表人物：

查爾斯・道

查爾斯・道（Charles Dow，1851 年～ 1902 年）是道瓊工業平均指數的共同創始人之一，也是技術分析的開創者之一。他發現市場價格的變化呈現一定的趨勢，並且提出了著名的道氏理論（Dow Theory），該理論成為了技術分析的基礎。

艾略特

艾略特（Ralph Nelson Elliott，1871 年～ 1948 年）是美國經濟學家，所提出的艾略特波浪理論（Elliott Wave Theory）是技術分析學派的核心理論。波浪理論認為市場價格是由多個週期性波浪組成的，其變化有跡可循，根據過去的價格走勢慣性，能夠幫助投資者預測未來的股價走勢。

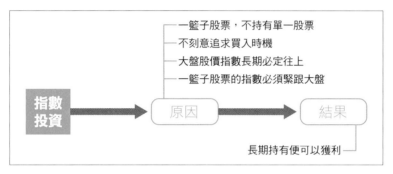

圖6 指數投資學派認為大盤指數長期趨勢向上

指數投資學派選股因果關係圖

約翰‧馬基

約翰‧馬基（John Magee，1901 年～ 1987 年）是著名的技術分析家和作家，他與羅伯‧愛德華（Robert D. Edwards）合著的《股價趨勢技術分析》（Technical Analysis of Stock Trends）書中，提出了很多技術分析方法和模型，是技術分析領域的經典之作。

約翰‧墨菲

約翰‧墨菲（John Murphy，1952 年～）是技術分析領域的

權威之一，其著作《金融市場技術分析》（Technical Analysis of the Financial Markets）被認為是技術分析的經典著作之一。他提出了很多重要的技術分析工具和指標，如相對強弱指數（RSI）和移動平均線等。

技術分析的世界觀是觀察和分析過去股價資訊，以預測未來股價的走勢。與其他投資學派不同，技術分析追求的是股價在未來短期內的走勢，而不是經過一段長時間之後的股價表現，其世界觀可以用圖７表示。

當股價位於 A 位置的時候，技術分析投資者會根據過去的各項數據與資料，評估未來的走勢是上漲（B1）、持平（B2）或下跌（B3）。這也可以說是一種歸納法，我們曾在第 1 章提過，歸納法在某些哲學家眼中可能不是一個好的科學方法，因為過去的表現並不代表未來一定會如此。但是在某種程度上，歸納法代表的是對未來的一種合理預測。

例如，我們每天使用隨身電源為手機充電，以往都沒問題，但不能保證哪一天隨身電源不會燒壞。然而，由於我們依照過去的經驗，歸納出隨身電源並不容易燒毀，因此我們仍然可以勇敢地

圖7 技術分析學派嘗試預測短期股價表現

股價變化示意圖

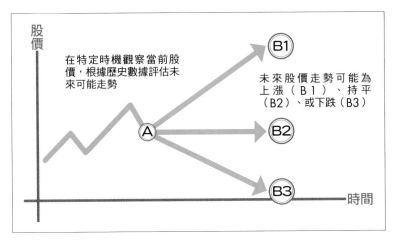

使用隨身電源為手機充電。如果歸納法無用，我們的生活將會受到很多限制，例如，我們不敢按下微波爐的啟動按鈕、不敢走在馬路上、不敢出海捕魚怕被飛彈擊中，或是不敢開計程車怕會撞到飛機。所以歸納法是我們日常生活常常使用的方法。

技術分析研究股價的下一步走勢，需要研究的項目非常多，但是歸納法並不能保證未來股價一定如預期發展，因此這種投資法

並不保證一定能獲利（詳見圖 8）。如果原因收集得不夠完整，失敗的機率就愈高，即使盡可能收集了原因，仍有可能發生低機率的失敗。這也是為什麼投資者在使用技術分析進行投資時，需要謹慎評估風險和收益。

4大投資學派可再分為2大類

做個總結，如果把投資的世界比喻成一個地球，各種投資方法就像是在教導人類如何種植、採收農作物一樣。價值投資教人們如何在正確時節種植特定的農作物；成長投資學派則像是研究如何找到快速成長的作物，然後在最佳時機採收。而指數投資則像是隨意地平均散播各種種子，讓它們在時間到了之後自然生長，達到收成的效果。而技術分析則是分析每種作物接下來的成長表現，進而做出種植與採收決策。

可以將這 4 種學派更簡單的分成兩大類：

1.**慢慢變有錢**：價值投資、成長投資、指數投資學派，都是採取一種買入策略，然後靠時間發酵和處理，最後得到一個長期的報酬。

圖8 **技術分析學派透過歸納法預測未來**
技術分析學派選股因果關係圖

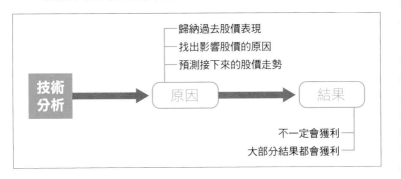

2. 快速賺到錢： 技術分析就是要馬上判斷出下一個走勢，追求可以得到立即的效果。

這看似廢話的結論，卻是一般投資人最容易犯的錯誤。常常有人想要快速賺到錢，卻採取類似價值投資的存股行為；或是穩健的投資人想要有低風險的投資方式，可是又不耐長時間的等候。

而想要快速致富的投資人，採取了技術分析的方式去做股票賺價差的投資策略，一旦套牢又變成長期投資，認為「沒賣沒賠」。

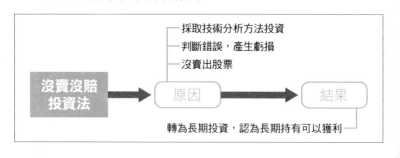

圖9 混用不同投資學派買賣股，最後往往賠錢
沒賣沒賠投資法因果關係圖

我們來分析「沒賣沒賠投資法」的因果關係（詳見圖9）。將短期投資、技術分析的原因，加上價值投資、成長投資、指數投資的果，就會變成沒賣沒賠投資法的因果圖。這樣可想而知就是一定賠錢。

當我們對每種投資學派的世界觀弄清楚之後，就可以清楚知道目前自己的投資行為是在做什麼。

再舉一個例子，美國的特斯拉這檔股票，2020年3月到2021年股價最高點，股價就上漲超過10倍（詳見圖10），

圖10 **2020～2021年，特斯拉曾一度上漲超過10倍**
特斯拉（TSLA）股價走勢圖

註：資料日期為 2023.06.14　　資料來源：Yahoo Finance

是標準的成長股。

　　使用成長投資學派的策略來看，特斯拉這種能在短期內得到高成長的股票，就是理想的投資標的。不過，當這個標的不再具有高成長能力的時候，便需要拋棄，另尋目標。

　　股神巴菲特說過一句話：「如果你不願持有一檔股票 10 年，

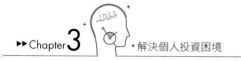

最好連 10 分鐘也不要持有。」這句話被長期投資者奉為圭臬。然而相同的邏輯也可以套用到其他學派上，就以成長投資學派而言，如果特斯拉不具有高成長性，那一刻也不要擁有。

因此，當特斯拉再度擁有成長性的時候，成長投資學派就會再度買入特斯拉股票。因為「高成長」是最重要的原則，時間不是最重要的條件。如果標的持續高成長，那就持續持有，一旦失去高成長的特性，就是該賣出的時刻。投資人如果具備成長學派的世界觀，就會知道特斯拉股票的買進賣出處理原則是什麼。

再舉一個最近發生在台灣的例子，全球晶圓代工龍頭台積電（2330）在 2019 年時，先進製程晶圓量產，高效能運算、物聯網、車用電子⋯⋯等終端需求增加，未來具高成長特性。成長投資學派認為機會來了，可準備買入台積電。而因為台積電長期趨勢往上，對於價值投資學派而言，雖然無疑是一檔好股票，但股價沒有出現價值被低估的買點，所以會選擇繼續觀察，不買入。

經過幾年的發酵，2022 年第 3 季，台積電因後疫情時期需求的疲弱，成長趨緩，價格也大幅下滑，浮現了價值投資學派所認為的「價格低於價值」的買點，這段期間波克夏買入了台積電

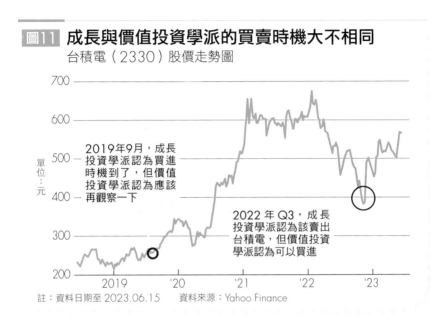

圖11 成長與價值投資學派的買賣時機大不相同

台積電（2330）股價走勢圖

註：資料日期至 2023.06.15　　資料來源：Yahoo Finance

圖中標註：
2019年9月，成長投資學派認為買進時機到了，但價值投資學派認為應該再觀察一下

2022 年 Q3，成長投資學派認為該賣出台積電，但價值投資學派認為可以買進

ADR，可以視為價值投資學派認為買入的原則已經滿足。

可是當價值投資學派認為可以買入的點出現時，可能正是成長投資學派認為賣出的時機，因為高度成長的時機已經過去，就可能會選擇賣出台積電（詳見圖11）。

由以上的幾個例子可看出，如果對於投資學派的世界觀和典範

的原則愈清楚，對於事件的論述就愈能符合真實的狀況。哲學家一般的批判無法還原事實，只能像科學家一般的去思考，才能拼湊出或許是事實的真相。

總體而言，不同的投資方法有不同的獲利風險。價值投資、成長投資和指數投資學派，這些長期投資方法的獲利機率相對比較高，只要選對市場和公司，長期持有往往能帶來理想的結果。這也解釋了為什麼投資達人和專家們通常會推薦這類的投資方式。

技術分析學派的獲利風險較高，因為過去的表現並不能保證未來的走勢。但它唯一的優勢在於，可以快速地做出市場的預測，因此對於需要迅速做出投資決策的投資人來說，技術分析仍是一種可行的方法。

在投資領域中，每個學派都有其特定的理論和方法論，這些都建立在一個基本的典範之上。我們必須了解和遵循這個典範，才能有效地進行投資。即使在特定學派下，也可能有各自不同的理論和世界觀，但是如果缺乏對典範的基本了解，就會對個別的理論或學說進行帶有偏見的批評或研究，從而導致錯誤的結果。因此，在投資之前，我們需要先了解各個學派的典範和基本原則，

以幫助我們做出更明智的投資決策。

　　美國 18 世紀就開始有股票買賣，從一開始的百家爭鳴，到後來建立投資學學科，經過數百年的發展，而形成不同的投資學派與典範。而由於典範之間的不可共量性，所以也讓各種投資方法各有擁護者，也各具優點和特色。

想真正精通投資，應專注於單一學派

　　上述的 4 大學派，就像 4 位復仇者聯盟的成員。你要如何說雷神索爾的能力比美國隊長強，或是說浩克的力量大於鋼鐵人呢？可是現在有很多投資人，會希望同時執行不同學派的投資方式，例如一部分的資金是用價值投資選股並長期投資，一部分資金則用技術分析學派進行短期操作。

　　如果我們用醫學系的學生來舉例，就像一個學生主要學習腦神經內科，另一邊又同時學習心臟外科、牙科、身心科……真的有可能樣樣精通嗎？現實的狀況是，醫學生先接受不分科的醫學訓練後，接下來還是得選擇特定的專科接受訓練，才能成長為專業的專科醫師。

　　難道科學或投資也只能選擇一種學派嗎？如果我是科學家，那我的確只能選一門學科作為研究。可是，如果我只是一般投資人，我只需要知道該學派的基本知識，然後我可以將資金投資在巴菲特執掌的波克夏公司股票，這樣就是專業的事情交給專業處理，並沒有問題。

　　這就像當我們身體抱恙時，自己只需要具備對身體的基本知識，知道該掛哪一科的門診，求診之後依照醫師建議處理，這是正常處理科學問題的流程。可是在投資行為上，我們往往想自己操控，可是能力卻遠遠不足，這就是投資難以成功的最大問題。

　　一般投資人如果認同這一點，那麼就應該依照自己的風險承受度、資金使用目的和規畫，交由專業的機構處理，這才是正確的處理投資問題的流程。

　　而市場上眾多的投資達人，可以視為針對某個學派或領域具有研究精神的投資學家。譬如我會將自己歸類在價值投資學派，擅長於執行長期持有策略及資金規畫，但在選股策略及買進時機這方面的能力就比較薄弱。有了這樣的認知之後，我就會針對我的弱點加以改善。

　　而在我知道科學精神的要點之後，補強價值投資學派的弱點的時間都不夠了，怎麼還有時間去研究其他學派呢？連巴菲特或是各領域典範的專家，都只能處理一種學派，那我怎麼可能有能力統統都學會？一般的投資散戶又怎麼有那種自信或是能力，想要研究或搞懂所有學派呢？

　　我們或許可以去粗略了解各學派的優缺點和特性，可是要能真正的從事研究，應該也是要專心於一個領域才是。

　　希望本章節可以幫助大家釐清概念，讓大家清楚自己在做什麼事情。什麼是我們應該做，什麼又是我們不應該做的。

　　那麼，投資人到底該選哪一個典範？投資學和醫學都是科學，科學的處理方式就是依照典範的指導進行活動。我舉一個平常看醫師的例子，就可以很清楚的看出我們應該如何進行投資。

　　牙齒痛到診所找牙科醫師，頭痛到醫院找腦神經內科醫師。在投資方面，則依照自己的投資目的，選擇對應的典範。依照典範的指導，尋求相對應的資源（詳見圖12）。例如想存養老金可以買波克夏股票，而想透過短線操作賺價差，就要學好艾略特的

圖12 求醫與投資，都可用科學方法解決

透過科學方法解決路徑

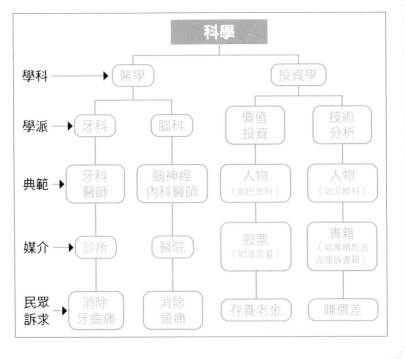

波浪理論，但因為艾略特沒有基金讓你買，還是得自行研究，包括研讀專精於波浪理論的著作或課程，想辦法靠低買高賣股票賺價差。

可以發現，並沒有專業投資機構專門用技術分析來為客戶操盤，也沒有那種標榜透過價值投資幫助客戶賺取短期豐厚獲利的基金。想要靠存股短期致富是不可能的，也很難只靠短期的技術分析達到長期穩定獲利的目的。有了這樣的觀念基礎，任何令人困惑的投資行為就很容易釐清。

我自己的做法是，將長期閒置資金交給指數投資學派的專業機構，也就是投資美國市場的指數型 ETF；同時持續專心研究如何精進價值投資，並應用在台灣市場。

接下來，我會用本書中提到的知識，審視目前台灣的投資環境及各種投資行為。

3-3 面對5大困境 台灣散戶投資人需「進化」

　　從前有一座海島，裡面棲息著許多猩猩。海島上的資源有限，為了爭奪這些有限的資源，猩猩們都勤練身體。只有讓身體更強壯，才能夠在激烈的競爭環境中生存下去。

　　一天，有位探險家漂流到這座海島，看到一隻幼小的猩猩正被一隻大猩猩欺負，他深感同情，隨手拿起一根漂流木，削尖了前端，把棍子遞給了小猩猩。大猩猩看著探險家，似乎也想對他展開襲擊。探險家立即舉起小猩猩的手，讓牠使用那根尖銳的棍子用力戳向大猩猩，對方痛得大叫，一溜煙的逃走了。

　　小猩猩非常感激，帶著棍子離開了沙灘。第 2 天早上，當探險家進入森林覓食時，發現一群猩猩們都在削木頭，都不再鍛鍊身體了！

　　這個故事裡，猩猩們一開始不知道用工具，是因為牠們還沒認

知到工具，尚未演化，也還沒進步。探險家之所以知道要教猩猩使用工具，是因為他了解歷史，知道猩猩演化的過程、下一步會往什麼地方發展。

科學的進展也是一樣的。如果科學的進展就如同孔恩（Thomas Samuel Kuhn）所描述的，會先經由不同學派的爭論，經過科學方法不斷驗證後形成一門成熟的學科，那麼投資這門科學，也應該會以相同的方式發展。現在的我們，可以說是台灣島內一起鍛鍊身體的猩猩，而美國投資市場已經在使用科學研究出削尖的棍子，我們這些猩猩是不是也該進化了呢？

在投資過程中，投資人常常會出現矛盾的心理，例如，一方面想要輕鬆無腦投資，於是進行被動投資，例如購買追蹤台灣 50 指數、中小型 100 指數等指數基金或指數股票型基金（ETF），希望能夠直接參與市場的整體收益。另一方面，又會想了解自己到底投資了些什麼。當得知自己所投資的一籃子股票當中，有自己不滿意的個股時，難免會產生心理矛盾，進而對於被動式投資的 ETF 產生質疑。於是，投資人會想嘗試自己選股擇時，進行主動投資，例如自行透過閱讀、觀看影片學習投資知識，期望能夠獲得優於大盤的投資效果。

圖1 投資知識B的產出，是基於知識A的反饋

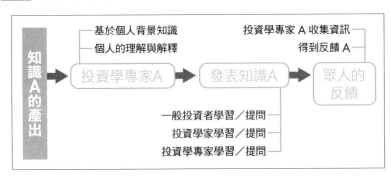

然而，投資人靠著自學，往往無法充分學到專家的知識，也難以掌握市場的複雜變化，甚至容易受到個人主觀情感的影響而做出錯誤的決策，導致一直陷在「缺乏系統性學習」的困境裡。在這個章節，我們就來審視散戶投資人常有的投資想法與行為，在台灣的投資環境中，處在什麼樣的脈絡和位置，以及會面臨什麼樣的困境。

困境1》缺乏可系統性學習的投資知識

在目前的投資環境下，投資學專家的知識產生與分享的過程如

投資知識的產生與分享過程

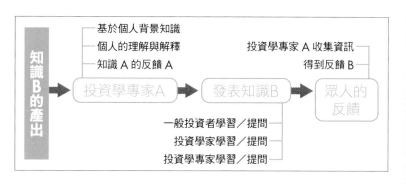

圖 1。

　　一般的散戶不具備投資學專家 A 的背景和知識，也經常無法理解知識 A 和知識 B 的關聯性。尤其不同投資學專家的見解和看法也常常互相牴觸，散戶投資人在學習上就會無所適從，這是因為市場上沒有提供正確的知識累積方式。

　　正確的知識累積方式，以我的認知，就是本書 1-5 所提到王榮麟教授所謂思考的「進路」，加上本書 1-3 提到孔恩的科學知識累積方法，以及與他人教學相長的分享和討論的過程，所慢慢累

積起來的。

填鴨式教育、一問一答、沒有典範指導的錯誤環境、自我認識不清楚，都造成知識的無法累積。

困境2》比起「因果論」，更相信「機率」

科學研究最基本的就是研究人員應具備科學素養，這包括了對於自身知識和信念的認知和掌握。

台灣社會因為科學的發展而普遍對宗教持懷疑的態度，然而佛教、道教等宗教仍有許多信眾，但大部分僅抱持著「許願池式」的信仰。對於宗教的因果論，我們持有懷疑的態度，不確定是否真的有善有善報、惡有惡報的關係，因為社會上有太多例子顯示善良的人也可能遭遇不幸，惡劣的人卻能夠逍遙法外。我們受到的教育是相信「人定勝天」的信念，也就是只要自己努力，就可以克服困境，而不是仰賴神明或宗教信仰。

因果論是科學家信奉的基本精神，我們所做出的決策，常常被認為是由自己的自由意志所決定，但其實這些決策往往是由我們

過去所累積的經驗、價值觀、環境等多重因素所影響。例如，當一個人撿到一筆金錢時，他的行為會受到他過去的生活經驗、道德觀念等因素的影響。如果他長期以來都是一個重視善良和道德的人，那麼他可能會決定歸還失主；相反地，如果他長期以來都是一個只注重自我利益的人，那麼他可能會選擇占為己有。

在科學上，重視因果關係的精神是非常重要的，因為只有透過因果關係，你才能掌握科學的真諦。如果你相信，只要掌握巴菲特（Warren Buffett）所有的投資原則，就一定能像巴菲特一樣獲得成功，那你必須相信投資的因果關係。如果你沒有得到一樣的結果，那必定是因為你還沒有找到影響結果的所有因子。相信這樣的論點，是能夠幫助你在投資上獲得成功的關鍵；否則，投資就只能像賭博一樣，不可預測且不穩定。

就天氣預報而言，目前的氣象科學可以大致了解氣象形成的原因，並推測未來的結果。儘管有時天氣預報並不準確，但我們可以根據過去的預報表現歸納出「大部分時候這個方法是準確的」結論，然後接受這個方法對未來的預測。

如果將股市的預測比作天氣預報，影響股市未來發展的原因可

能更為複雜，要找到這些原因並推測結果是困難的。然而，投資典範之所以能夠被大部分投資人所接受，是因為這些典範掌握了了解股市波動的主要因素。儘管有時會失效（這些失敗的案例也可視為異例），但這並不影響典範對於未來預測的能力。

投資不僅僅是機率問題，它需要深入思考、了解自身風險承受度和價值觀。只有在確立了這些基礎並運用因果關係的思維方式時，才有可能獲得穩定的收益。

科學上的機率和賭博的機率，雖然都存在著數學上的成功與失敗比率，但兩者機率形成的原因完全不同。科學上的機率形成原因在於典範的指導和科學研究，而賭博的機率則是靠運氣。

只有相信因果論，才能從事有意義的科學研究。否則，如果科學研究的結果取決於運氣，那麼研究還有什麼價值呢？如果投資只依賴於運氣產生的機率，那與賭博也就沒有區別了。

困境3》常疏於求證消息面，缺乏「胡適精神」

胡適精神就是「大膽假設，小心求證。」「有幾分證據，說

幾分話。」在投資理財行為上來說，這就像我們看到台積電（2330）去美國設廠這樣的新聞出現，我們並不是該公司決策人員，對於國際關係也沒有參與決策，我們只憑藉著自己有限的知識和認知，去預測和猜想當中原因為何。

這種猜想的結果，對於找到事情的真相，似乎沒有太大的幫助。沒有幫助就算了，有時候這樣無端的猜想還會影響到我們接下來的投資決策。這樣的無端思考做出的錯誤決策，就不符合胡適心中的科學精神。

因此，我們可以大膽地提出假設，但同時也必須謹慎地進行求證。如果我們對台積電赴美設廠的原因有了假設，就必須進一步求證，藉由證據來支持這個假設的正確性。

困境4》習慣批判，卻不累積知識

在目前的台灣投資環境中，許多投資達人各自擁有一套獨特的投資假說和方法。然而，我們會怎麼判斷誰說的有道理呢？波普（Sir Karl Raimund Popper）的反證方法通常會在此時派上用場——每位投資達人都會不斷證明自己的方法是最佳的，但只要

我們能提出反證，便能推翻其理論。

　　我的第 1 本書《傻多存股法》，其中的「傻多」指的是我長期持有一籃子股票，選股原則是「穩健產業」＋「產業龍頭股」，並根據個股報酬率的「常態分布」結果來調整持股內容（詳見《傻多存股法》第 74 ～ 78 頁），但其實我知道這種選股方式並不保證百分之百能贏過大盤。

　　如果有人持續回測我的投資組合績效，發現長期績效是落後大盤的，或者在我的投資組合中，發現有部分股票確實符合「穩健產業」＋「產業龍頭股」條件，但是長期報酬率卻十分慘淡，那這個反證的過程，就足以證明傻多存股法是一種效率不高的投資方法。

　　為了找出最理想的投資方法，我們確實也經常利用反證的方式，找到各種投資達人或專家提出的投資假說的缺點，試圖排除那些不良的投資策略。那麼，在市場上經此種方式檢驗存活下來的投資方法，是不是就是最好的投資策略？這種採用反證的方法，便符合波普所倡導的科學精神——不斷地反證和修正，逐漸接近真理。

可是，這樣不斷批判，能真正累積到知識嗎？我們只知道前一個專家失敗在哪裡，還是不知道正確的投資方式是什麼。

《傻多存股法》採取的投資方法雖然有一些缺陷，可是如果我們清楚科學精神的定義之後，再去看這本書，這本書的價值就很清楚了。請容我在 3-4 再對這本書的優缺點進行詳述。

一位投資達人或專家的理論，你可以用波普的否證方式來檢驗其正確性，也可以使用孔恩的方式來作為學習典範過程中的輔助；如果你只是急著對他們的論點進行批判，而沒有在典範的指導下學習，那你最終可能什麼都學不到，或是學到不是典範的東西。

困境5》容易盲目追隨「成功預測」的偽科學

我們在觀賞電視節目時，都會有這樣的經驗——財經台的某位分析師，一直滔滔不絕地講述他之前幾月幾號就已經預言哪一檔股票會漲，而今天果然漲了。當初的預言成真，真的很令人佩服。然而，仔細回想就能發現，他們對於過去預測錯誤的例子都是隻字不提。如果有人提出預測失敗的質疑，分析師就會說，由於在預測到實現之間出現了某某變數，因此導致預測失誤。

　　當前的投資環境，投資達人輩出，每個達人都有自己的一套投資理論，我自己也有一套傻多存股法，這套方法的核心精神在於，只要我買大型龍頭股，這些公司有極高的機率不會倒閉，股票也有很高的機率不會變成壁紙。只要持續持有，隨著領股利股息的時間愈長，我的持有成本就會愈來愈低。所以，只要持有時間夠久，等到領到的股息相當於我當初買股票的成本後，我就能視成本為全部歸零，自然就不會賠錢。

　　所有投資達人皆會維護自己的理論，不管市場如何改變，總有一套自圓其說的方法來證明其理論的正確性。這種看似永遠不會錯的投資理論，就如同波普所主張的「無法反證」，而成為不具科學精神的理論，也就是如同心理學一般，被波普認為是偽科學。

　　如果你追求的都是偽科學，那就無法累積有用的知識。

3-4 3要點用科學精神與方法 建立有效的投資知識

其實近年也可以觀察到，目前台灣投資市場中，有散戶投資人對於不同的投資理論已經開始懂得批判，不再迷信某一種理論。

例如，質疑眾多投資達人方法的人，或是對於傻多存股法保持懷疑的人，自然就是認為，就算過去有再多次的獲利實例，也不能保證未來也能繼續獲利。即使過去投資績效再好，一旦遇到系統性風險，就可能導致之前累積的獲利歸零。

當過去所相信的某個理論失敗時，這些懂得批判的散戶投資人可能會果斷地放棄，並尋找新的方法。他們相信可以找到屬於自己的投資理論，並且認為透過不斷地學習和實踐，可以找到能夠獲利的方程式。在追求投資成功的道路上，他們會不斷尋求各種資源的協助和資料的收集，以達到更精確的決策。

這種學習投資的過程，符合哲學家波普（Sir Karl Raimund

Popper）所描述的科學精神（詳見 1-2），包括批判、不護短、不獨斷、理性、保持謙遜，以及對真理的追求永不放棄的信仰；甚至是接觸到一個新的投資理論時，就馬上拿出最嚴格的標準去檢視，並盡可能地證明這個理論是錯誤的，這也是波普的「反證主義」思想在投資領域的體現。

要點1》避免用哲學思維研究投資

然而，像這樣以哲學家的觀念在學習投資或進行投資決策，會出現什麼問題呢？

簡單複習一下，波普認為累積知識的方式，是遇到問題後嘗試用 1 種方法去解決，若發現問題則再用第 2 種方式去解決……。

當投資人將這種方式套用在投資決策上，就會變成如下的過程：面對一項投資問題（P1）時，先使用某位投資達人 A 的投資方法（TS1），進行實驗或操作，如果成功，就會繼續使用該方法賺錢。然而，這種方法終究不是放諸四海皆準，總會有失敗的時候（EE1）。當舊的方法失敗後產生新的問題（P2），就再尋找下一位理財達人 B 的方法（TS2）來嘗試解決問題（詳見圖 1）。

圖1 當投資出問題，散戶往往用另一投資方法解決

散戶的投資決策流程

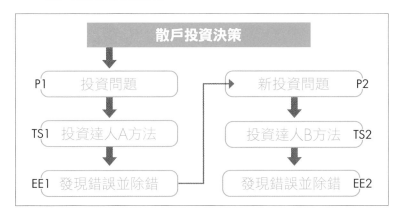

這樣的投資決策過程就是波普認為累積知識的方法，透過不斷試圖證明其錯誤、從之前的錯誤中汲取教訓，並嘗試使用新的方法來改進投資策略。這樣一來，似乎就可以避免重蹈覆轍，降低失敗的風險，進而找到更可靠的投資方法，提升投資成功率。

可惜，知識不是這樣累積的，如果一遇到問題就拋棄、發現目前正在使用的投資方法無法一直獲利就拋棄它，那麼，到底要如何擁有一個可用的理論呢？這種做法，很難有效地累積知識。

　　雖然我們以為自己正在使用科學的方法來進行投資研究，或認為透過這個過程正在慢慢建立一套屬於自己的投資哲學;事實上，多數人都還是習慣使用波普那套哲學方法在學習投資。

　　投資是一門科學，而科學方法在投資中是非常重要的。我列舉了一些投資的科學方法：

　　1. 基本面分析：這是一種通過研究公司的財務報表和其他關鍵指標，評估一家公司價值的方法。

　　2. 技術分析：通過研究股票市場的 K 線圖和技術指標，預測股票價格的走勢。

　　3. 宏觀經濟分析：通過研究全球經濟趨勢、政治風險、貨幣政策等因素，評估投資環境的風險和機會。

　　4. 事件驅動分析：通過研究公司的特定事件，如收購、股票拆分等，評估對公司股票價格的影響。

　　5. 量化分析：通過使用數學模型和統計方法，研究市場數據，評估投資機會和風險。

　　透過邏輯、推導、歸納、演繹等等，我們使用了很多的科學方法來幫助我們做投資的決策。可是儘管有這麼多的科學方法，對

於解決我們的投資困擾卻不見得有幫助，最簡單的原因就是我們在投資行為上，並沒有掌握到正確的科學精神。

科學方法不等同科學精神。由本書第 1 章的解釋就可以了解，我們以為自己的投資行為擁有科學精神，其實分析之後就只是波普的反證論加上一些科學的方法而已，這和孔恩（Thomas Samuel Kuhn）所描繪的科學精神絕然不同：

◆哲學家波普認為，「知識的累積＝批判＋科學方法」。
◆孔恩認為，科學家「知識的累積＝典範的指導＋科學方法」。

「科學精神」是一套能夠持續累積知識的方法，是科學家在研究時所擁有的理性、開放、透明和批判性的態度和價值觀。而「科學方法」則是用來實現這些價值觀的具體途徑，例如對實驗數據的收集、分析和解釋等。

當然，即使擁有科學方法，若沒有在一套具有科學精神的制度下運行，也無法真正累積知識。這是因為科學研究需要具備可重複性、可驗證性和公正性等要素，才能夠確保結果的可信度和可靠性。具有科學精神的制度不僅可以提供科學家所需要的資源和

環境，也可以強制執行這些科學方法，從而確保研究結果的真實性和可信度。

這也是為什麼科學精神和科學方法必須同時存在，才能夠真正推進科學知識的發展和累積。這兩者的互相支持和結合，是科學知識發展的重要基礎。只有在具有科學精神的制度下運作，並同時運用科學方法，才能夠達成真正的知識累積和推動科學發展的目標。

要點2》批判之後，應尋找正確投資方法

投資達人彼此對於其論點的互相批判，就猶如波普眼中的「大膽假設，努力反證」的行為。我們不應迷信某種特定的投資方法，也不應盲目追隨某位投資達人的建議，那我們該怎麼做呢？

在批判對方的缺點之後，更應該設法共同尋找正確的方法，唯有這樣，我們才能具備理性的科學精神。而這種狀態在孔恩眼中，就是處於常態科學中還沒有形成典範的前典範時期。

孔恩對於科學精神的描述，揭示了科學發展的重要特徵。科學

家們透過對彼此基本論點展開熱烈的討論，來不斷檢驗和挑戰現有的科學典範，這種前典範時期的爭論，知識的累積只能在個別學說內形成。只有當常態科學中的後典範時期來臨，才能夠真正地累積知識。

科學家的這套做法，確實發展得非常不錯。自從 18 世紀末的工業革命開始，人類只用了短短的 200 多年的時間，就讓我們擁有了宛如古代神明所具備的能力。

從手機的發明到無人機、個人飛行載具的概念發展，這些科技的出現讓我們擁有了像千里眼、順風耳一樣的能力，發明了如同風火輪、觔斗雲一般的魔法寶物。更能夠展現出雷神索爾的閃電、大力士的威力、夸父般移動的速度等超人能力。種種例證，都證明了這套科學方法是有效累積知識的方法。

這個方法的優點在於它是一套有效的知識累積方法，也已被應用於各種領域，包括台灣的教育體系。通過在典範的指導下學習知識，我們能夠進行各種研究工作。因此，我們應該將科學精神引入投資中，遵循典範的指導，從中學習和研究知識，並不斷累積投資的相關知識，以提高我們的投資技能和效率。

要點3》自學任何投資學派前，先學好基礎投資學

想要擺脫前科學時期的束縛並建立新的學科，必須先形成共識。成立學科之後，大家基於學科的原則和精神，之後才會建立典範。

因此，對於想要自學投資的人來說，不能不先學習基礎的「投資學」這門學科，包括風險評估、投資組合管理、資產分配等重要的概念和技術。只有這樣，才能真正理解和運用價值投資背後的原理和策略。

就以價值投資來說，大家都會馬上聯想到代表人物「股神」巴菲特（Warren Buffett）。然而如果只盲目追隨巴菲特，而不理解價值投資背後的基礎知識——投資學，將無法真正理解價值投資的決策行為和精神，也無法全面的獲得知識，因為典範是建立在學科的基礎上發展而來的，價值投資的典範架構在投資學的理論基礎上。在研究巴菲特的投資理論之前，就必須先研究投資學。

假設把巴菲特的投資方法視為一個成熟的投資典範，那麼按照投資人的能力，我們可以列出如圖 2 的評分表。

圖2 投資小白應先累積基礎投資學知識

投資人類型評分表

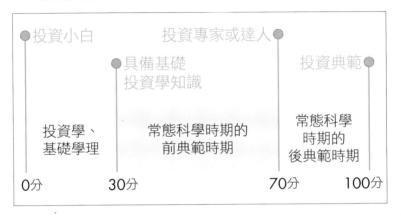

評分等級 1：0 ～ 30 分

投資人類型：毫無基礎投資學知識的投資小白。開始學習投資學後，能力從 0 分開始累積。

評分等級 2：30 ～ 70 分

投資人類型：具備基礎投資學知識的投資人。

評分等級 3：70 ～ 100 分

投資人類型：具備基礎投資學知識，並且發展出各種投資學派的投資達人或專家。

評分等級 4：100 分
投資人類型：成立共同典範。

舉個例子，當一個能力 0 分的投資小白，在 2021 年詢問投資專家：「台積電（2330）適合長期投資嗎？」

價值投資學派的投資專家 A 會說：「當然適合長期投資。」因為 A 所觀察到的是，台積電從 2012 年一路穩定向上，甚至從 2020 年開始業績大幅成長，競爭優勢愈來愈強，市占率驚人。業績推升股價向上（詳見圖 3），企業價值被投資人肯定，當然可以長期投資。

同時，專家 A 心裡想的是，「只要台積電的競爭優勢繼續存在，我甚至覺得可以放到永遠，可是未來變化要再觀察，所以也還不能妄下定論。」

成長投資學派的投資專家 B，答案也會是肯定的，因為 2020

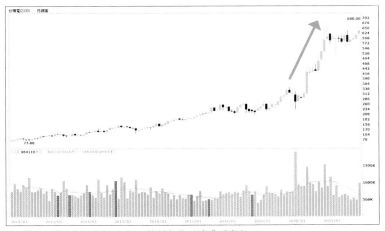

圖3 **2020年～2021年台積電股價強勢上漲**
台積電（2330）股價走勢圖

註：資料日期至 2023.06.30　　資料來源：XQ 全球贏家

年台積電的營收和獲利都強勢往上成長，深具高度成長特性與價值，所以可以長期持有。B 心裡想的是，「這個長期是多長，也不好說。這檔股票只要能維持高度成長，那我就繼續持有；當股價不具成長特性的時候，我就賣掉。」

隨著時間的推移，來到 2023 年。這時候如果投資小白再次問了同樣的問題，「台積電營收出現衰退，股價不再繼續上漲（詳

見表 1、圖 4），還能長期持有嗎？」

　　價值投資專家 A 會說：「當然可以長期持有。雖然遭遇逆風，可是那是因為業績成長伴隨的就是股市投機者的炒作。現在回歸基本面，正是長期投資的加碼好時機。」

　　成長投資專家 B 則會說，「因為台積電的營收和獲利有衰退跡象，應該要把股票賣了。」

　　多數投資人聽到專家 A 的回答會覺得很滿意，因為立場從一而終。反觀專家 B 之前說可以長期持有，現在股價下跌就說早該賣掉，有受騙上當的感覺，還會怪專家 B 怎麼不早提醒大家該賣股票呢！

　　面對同一檔股票，投資專家因為理論基礎不同，做出的結論也就不同。而缺乏投資學知識，也沒有經過系統性學習的投資小白，會忽視背後的複雜學理知識，自然得不到真正有幫助的答案。

　　除了對買賣時機有不同的看法，投資專家 A 和 B 對於「長期投資」的定義也不同──專家 A 對於長期投資的定義是最少 10 年，

表1 2022年12月起，台積電營收成長動能減弱

台積電（2330）月營收年成長率

月份	當月營業收入（億元）	去年同期營業收入（億元）	年成長率（%）
2022.01	1,722	1,267	36
2022.02	1,469	1,065	38
2022.03	1,720	1,291	33
2022.04	1,726	1,113	55
2022.05	1,857	1,124	65
2022.06	1,759	1,485	18
2022.07	1,868	1,246	50
2022.08	2,181	1,374	59
2022.09	2,082	1,527	36
2022.10	2,103	1,345	56
2022.11	2,227	1,483	50
2022.12	1,926	1,554	24
2023.01	2,001	1,722	16
2023.02	1,632	1,469	11
2023.03	1,454	1,720	-15
2023.04	1,479	1,726	-14
2023.05	1,765	1,857	-5

註：營業收入四捨五入至億元，年成長率四捨五入至整數
資料來源：XQ 全球贏家

圖4　2022年～2023年台積電股價反轉下跌

台積電（2330）股價走勢圖

註：資料日期至 2023.06.30　　資料來源：XQ 全球贏家

專家 B 對於長期投資的定義可能是超過 3 個月。

　　就像科學上牛頓（Sir Isaac Newton）和愛因斯坦（Albert Einstein）雖然都談到質量（牛頓的質量公式：$F = ma$；愛因斯坦的質量公式：$E = mc^2$），可是兩個人談到的質量卻是不同概念的東西，根據《科學革命的結構（50 週年紀念版）》第 217 頁的說明，「牛頓的質量有恆定性，而愛因斯坦的質量可以質能

互換」。

討論和累積知識，只有在同一個典範的指導之下，才會有結論。帶著不同典範去觀察，只會得到各說各話的結果。

這不只發生在投資小白身上，投資專家彼此之間也常發生類似的爭論。比如支持元大台灣 50（0050）的專家就和支持元大高股息（0056）的專家常常吵成一團。在科學的脈絡中看來，彼此世界觀不同，根本無法互相比較，這也是本書 1-3 曾提到的典範的不可共量性和鴨兔錯覺。

3-5 從波克夏短線買賣台積電事件掌握正確追隨典範觀念

　　目前的投資理財文化，經常被視為一種宗教信仰，有自己的宣傳者，其教義宣揚者也會遵從。只有當宗教領袖或教義發生改變時，宗教的形式才會改變。然而，有些人可能會質疑，追隨典範難道不就像是在追隨某種信仰嗎？比如說巴菲特（Warren Buffett）的信徒，把他稱作「奧馬哈先知」，這些人不就是像信仰般的崇拜巴菲特嗎？

典範可以持續發展、移轉，並適用於更大範圍

　　表面看起來很像，但實際上追隨典範和追隨教義是不同的——典範是可以改變和轉移的，而宗教則不會。因此，在投資領域，我們應該以典範為指導，不斷學習並研究，這樣我們才能獲取與積累知識，並從中受益。

　　以科學來說，當典範從牛頓（Sir Isaac Newton）移轉到愛因

斯坦（Albert Einstein）之後，我們不會說那些曾經在牛頓指導下的科學家都是牛頓的信徒吧？而那些原本在牛頓指導下的科學家，皆轉而遵從愛因斯坦的教導，可見這些科學家並不是盲從的信徒。

我不否認有些人確實把巴菲特當作宗教領導人一般的崇拜，但是一個真正具有科學精神的價值投資者，會把巴菲特當作科學典範，當作教科書那般依循和學習，而不是當作偶像般的崇拜，這本質上是有不同的。

典範中的成員，是隨著時間而不斷有新的科學家加入或更替，這些新科學家帶來新的思維，促進典範的移轉與發展。然而，當人們對典範產生疑慮並進入危機時期時，科學革命就會開始。這時會出現新的理論、新的發現和新的科學典範，世界因此重新恢復秩序。這樣的過程其實是分裂之後重新融合的過程，並且這種循環是科學進步的動力。

與科學的危機不同，宗教的分裂並不會產生新的共識，也沒有再次取得共識之後重新融合的可能。相反地，這些宗教往往會保持不同的信仰和教義，並持續分裂，形成不同的派別或分支。這

也是宗教歷史上常見的現象之一。

　　科學家之所以不批評典範，是因為他們認為典範是基於經驗與證據所建立起來的，而這些經驗與證據已經被證明是有效的。而透過不斷的實驗，科學家會擴大典範的適用範圍，以確保它仍然能夠適用於不斷變化的環境。

　　以巴菲特的價值投資來說，或許有人會質疑，既然市場上已經有價值投資的典範，為何不直接購買巴菲特執掌的波克夏公司股票就好了，何必做典範的研究呢？

　　如果只是想當價值投資的信徒，藉由價值投資的方法獲利，那買入波克夏股票是個不錯的選擇。

　　然而，若你想成為一位研究價值投資的投資學家，那麼要做的就不只是研究巴菲特價值投資這個典範，也不只是購買波克夏股票，而是要深入研究價值投資理論與方法，進一步研究該典範的精神，並將其應用至台灣市場。這樣的做法符合科學的精神，不僅能夠增加投資的成功機會，更能夠豐富知識，並發掘更多投資機會。

　　我自己的目標就是成為台灣的投資學家，我想要進行台灣投資市場的研究，想擁有一套屬於我自己的投資哲學，所以我需要研究典範。

　　以價值投資為例，投資者應該尋找具有長期成長性的公司，趁這家公司的股價被低估的時候就勇敢買進，並且長期持有。而投資學家進行的，就是在尋找哪些是符合買進條件的公司？哪些公司可以長期持有？什麼時候是被低估的買進時機？以及當公司發生什麼狀況時就不應該繼續投資？……典範指導方向，而投資者就像猜燈謎一樣，依循典範指引去尋找答案。

　　我相信目前台灣有許多投資人認同價值投資，但是對於價值投資這個典範，以及其背後的基礎投資學並沒有研究透徹，因此缺乏優秀的解謎能力。若能在研究的過程中有典範的指導，就能夠明確指出自己的弱點，進而增進需要加強的能力。

波克夏短期持有台積電，不代表價值典範失效

　　如果價值投資的典範是巴菲特執掌的波克夏公司，那為什麼從前不投資科技股的波克夏會買入蘋果（Apple）公司的股票？如

果標榜長期持有一檔有價值的股票是價值投資的原則，那為什麼波克夏會持有台積電（2330）不久之後就賣出？

這些「異例」都要以典範的原則去思考和解釋，而不是因為這些異例，推翻價值投資的典範。

就以近年台灣投資人較熟悉的例子，為何 2022 年第 3 季波克夏買進台積電，下一季就快速脫手？這個例子顯然是價值投資學派的異例。波克夏買進後就迅速賣出的行為，違背了巴菲特一直強調的長期投資原則。

哲學家會說巴菲特的說法與行為不一致，產生了矛盾；可是科學家會說，一定是有什麼原因發生，導致這樣的結果。

波克夏選擇在 2022 年第 3 季買入台積電股票的時候，絕對不會是因為預測到下一季台積電股價會大漲；而同年第 4 季賣出，也不會是因為它們原本就打算短線投資。

如果有下列兩種情境發生，你認為波克夏是屬於情境 A 還是情境 B ？

情境A

2022年第3季

台積電的股價已經明顯低於價值，長期投資買點到了。

2022年第4季

發生了某個事件或原因，只好賣出。

情境B

2022年第3季

台積電的股價開始發動，即將進入上漲趨勢，買點到了。

2022年第4季

台積電的股價果然上漲到目標價，賣點到了。

很顯然的，情境 B 最有可能是技術分析學派的心境──買入時就已經預設將來的趨勢，等股價到達滿足點之後就會賣出。

情境 A 則是標準的價值投資情境，買入原因必定是認為台積電具有投資價值。至於賣出的原因，按照我們熟知的典範原則，一定不是短期股價上漲或是到達目標價，而是某種只有巴菲特才知道的特殊原因。

到了 2023 年，巴菲特終於親口給了答案，根據 2023 年 4 月 11 日的《財訊》報導，巴菲特在 4 月訪日期間接受《日本經濟新聞》採訪，談到出售台積電的原因時這麼説：「地緣政治

是當時考量的重要因素之一。台灣半導體在這個領域有極大的獲利，經營狀況也很好，但是位在美國奧瑪哈或在台灣，就會產生不同的結果。」《自由時報》在 2023 年 5 月也有報導，巴菲特在 5 月 6 日波克夏股東大會時重申，「台積電是世界上管理最好和最重要的公司之一，我不喜歡該公司的位置，並重新評估了該公司。」他表示，把資金配置在日本，比配置在台灣讓他更自在一些。

可見，波克夏買入台積電的原因一定符合價值投資學派的買入標準，賣出時的理由雖然與一般的認知不同，但只要是理性的投資人，沒有人會認為這樣的賣出理由不合理。當手中握有龐大資金，且布局範圍為全球時，地緣政治因素潛藏的風險，自然也成為是否值得被長期持有的重點考量。

再舉一個我自己的例子，來說明這種前後不一致的狀況。

我在 2019 年買入台積電之前，有一條我深信的原則就是「不可以借錢投資」，因為我採取的是長期投資策略，如果買股的資金來源是借貸，就可能會面臨因為利息還款壓力，而被迫在股價大跌時賣股還債的風險。基於這樣的理由，我以前絕對不會借錢

投資。

可是隨著我存股資產的增加，我發現存股是一種「股票資產閒置」的狀態。而這段期間我學習到了企業所謂「資產活化」的概念，並且認識到股票質押借款這項富有彈性的籌資工具。加上自己對於風險控管知識的提升，所以我有了新的看法——若能將企業活化資產的概念運用在閒置的存股資產，並使用股票質押方式籌措資金，同時配合「低借貸成數」的風險控管，將有助於長期投資報酬率的提升，所以我便開始執行股票質押借錢買股票這套策略。

我的《傻多存股法》一書，幾乎都在說明要如何穩健的投資，但是在最後一個章節，卻開始大談我如何借錢投資買入台積電。大家看到的表象就是我開始借錢買台積電，跟我以往不借錢投資的原則相牴觸，認為我言行不一，前後矛盾。可是，這背後的背景知識和背後的原因，大家並不清楚。

對我自己來說，隨著不斷的研究與改善，我只是為自己的投資理論增加了新的原則。這新的原則並不是推翻原有理論，而是讓理論的適用範圍擴大了。

　　所以我們對於台積電這個異例，可以解釋成，波克夏買入台積電的原因，一定符合波克夏典範的指導標準。可是賣出的原因，我們無法全盤了解。巴菲特應該不會特別寫一篇文章或出本書，來仔細解釋他的決策全貌。事實上，波克夏歷史上這樣短期買進賣出的例子不止一次，這背後也一定各有其買賣的依據。

　　再舉個例子。假設你想存錢買房，研究了好久，終於花了 2,000 萬元買到你理想中的台北市民生社區中古國宅。搬進新家不久之後，你有位好朋友中了樂透，計畫移民美國，並打算以 2,000 萬元把他位於台北市信義區市值 8,000 萬元的房子賣給你。這時候你會不會考慮把剛買的民生社區國宅賣掉，然後拿賣掉房子的錢去跟你朋友買他信義區的那間房子？如果是我，當然不會放棄這種物超所值的好機會。

　　然而當別人看到你賣掉民生社區的房子，難免會懷疑是不是房子有問題？只有你知道那不是真相，單純只是你有更好的選擇，所以才會賣掉原本的房子。

　　用這樣的思維，處理和解讀異例的方式，才是具有科學精神的正確處理方式，而不是一看到異例就開始批判典範。真正的科學

家是保護典範，想辦法解釋異例。

不同投資典範，不需強加比較優劣

孔恩所提出的「典範之間的不可共量性」，意思是無法將兩個不同的典範拿來比較，然後指出誰優孰劣。就像我前面提到的，投資人很喜歡把元大高股息（0056）以及元大台灣50（0050）拿來比較。

不過這兩個基金有著不同的特性與原則，是不同典範指導原則之下的產物──0056是以追求股利發放為目標，而0050則是追求市值成長，兩者的世界觀本來就不同，所以無法拿來做比較。

然而，如果拿國泰永續高股息（00878）或是元大台灣高息低波（00713）跟0056相比呢？由於它們都是以高殖利率為目的，只是以不同原則去做股票成分股的篩選，拿來一起比較就會較合適。

記得在2023年3月26日時，推特（Twitter）上有個頻道「The Defensive Investor」發布了一段影片，展示了波克夏公司

從 1994 年到 2022 年的總資產以及投資組合的變化。隔天美國特斯拉（Tesla）公司執行長馬斯克（Elon Musk）留言回覆道，巴菲特如果早點投資特斯拉，也可以達到一樣的投資成果。

這樣的比較也不合理，以特斯拉來說，它所處的汽車產業競爭激烈，且是本業長期虧損的事業，本來就不會進入巴菲特的選股範圍。

別忘了，價值投資者希望創造的績效是伴隨公司成長帶來的長期複利效果，而馬斯克在上述留言中提到的是這段期間的股價成長，更偏向成長投資學派，兩者怎麼會有交集呢？

所以目前市場上有人常常在比較存股、高成長、ETF、技術分析等不同投資方法的績效優劣，世界觀不同的典範自然無從比較，爭論這些問題也無益於學習。

忽視投資典範，如同生病卻不信任專業醫學指引

以價值投資學派來說，波克夏無疑是典範，經過長時間的考驗，波克夏公司的投資績效依然優異，市值與股價都與日俱增（詳見

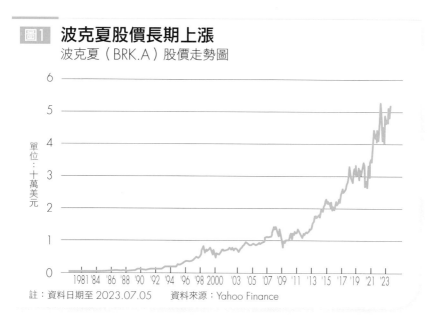

圖1 **波克夏股價長期上漲**
波克夏（BRK.A）股價走勢圖

單位：十萬美元

6
5
4
3
2
1
0

1981 '84 '86 '88 '90 '92 '94 '96 '98 2000 '03 '05 '07 '09 '11 '13 '15 '17 '19 '21 '23

註：資料日期至 2023.07.05　　資料來源：Yahoo Finance

圖1）。儘管市場上偶有雜音，但是波克夏仍然努力地排除困難，繼續維護這個典範。

如果波克夏績效連年衰退，對於接連出現的挑戰都無法克服，大家當然就會對這個方法產生懷疑，並開始尋求新的典範。

當我們知道歷史的典範如何移轉，我們自然會知道價值投資典

範產生危機時會有什麼現象，目前並沒有看到價值投資的典範理論有任何鬆動的跡象。

雖然波克夏的投資報酬率有目共睹，可是還是有些想從事價值投資的人不信任這個典範，而想自創一套屬於自己的投資方法。不相信典範的狀況，就有點像你牙齒痛，可是你不相信牙醫。你覺得看牙醫要花錢、花時間，而且還不能馬上治療好，你反倒覺得吃止痛藥比較能立即解決牙齒疼痛問題。

缺乏知識的病人，或是胡亂聽信偏方來取得錯誤的醫療知識，想要自己當醫師診斷疾病，這才是最大的問題。

現在台灣投資人很多都是這樣在面對投資科學，已經有典範的存在，可是還在自己摸索如何投資。

不信任典範是一個問題，還有另一個問題是「不認為自己需要投資典範」。如果一個人不認為自己生病了，就不會想去看醫師，這樣的情形叫做「沒有病識感」。

很多投資人不只是不懂投資，最可怕的是不懂裝懂，可說是罹

患了「投資失調症」──對投資風險判斷錯誤、缺乏財務規畫、
盲目追求各種投資方法、聽信不可靠的投資建議等等。這些人會
認為自己可以處理財務問題，但結果只會是四處尋求投資方法而
徒勞無功。

巴菲特的投資方法實際上難以複製

　　身為價值投資的典範，波克夏是如何評估一家企業是否值得投
資？巴菲特合夥人、波克夏副董事長蒙格（Charles T. Munger）
在其著作《窮查理的普通常識》當中提到：

　　「波克夏評估待收購的企業，不太使用財務數字衡量，反而使
用很多主觀的標準，例如領導人值得信賴嗎？會害波克夏商譽
嗎？會出現什麼問題？波克夏理解這個行業嗎？企業家需要增資
才能繼續運轉嗎？預期現金流會有多少？不期待直線成長，週期
性成長也可以接受。」

　　如果蒙格和巴菲特使用了非財務數字的方式衡量一家公司的價
值，那我們一般人又對公司經營所知甚少，反而常常使用一些財
務數字來衡量公司價值，這樣我們評估出來的結果，會讓自行投

資的成功機率增加多少？

假設一般投資人真的使用了各種科學方法，例如研究財報數據來評估一家企業投資價值，那麼我們需要收集多少資料？經過多長時間的評估，才能做出一家企業值得投資的正確判斷？有沒有一套客觀標準，告訴我們怎麼做出完整且正確的企業投資評估？

儘管投資人們可以從過去巴菲特的發言，去尋找各種量化分析和質化分析的線索，但是巴菲特終究沒有提供一套客觀的評估標準，因為這個標準只存在巴菲特的腦子中，這個標準會隨著巴菲特的想法而不斷變動更新，那我們當然也難以複製他的投資決策與績效。

如果自認無法複製，也認為自己並沒有天賦異稟，或對於投資市場的判斷能力優於巴菲特，那麼自創投資招式，都不如直接投資波克夏股票。

4大投資學派中，一般人最適合採取指數投資

本書當中，我將投資學派分類為：價值投資、成長投資、指數

投資、技術分析這 4 大典範。其中，價值投資、成長投資、技術分析這 3 個學派是主動投資，需要持續進行人為判斷，因此投資人必須依照典範的指導進行學習。但除非能代表典範的人物親自授課或發布資訊，否則我們很難正確地學習到典範的知識，使得我們只能推測其思想，也就難以達到學習典範知識的準確性。

唯獨「指數投資」是被動式的參與市場，不會受到人為選股因素的影響，投資人只需要了解投資標的特性就可以投資。事實上，巴菲特也認為指數投資是最適合一般人的投資方式，他還曾經於 2007 年向基金產業，發起一場 100 萬美元的賭局，打賭被動投資於追蹤標普 500 指數的基金 10 年，績效將可贏過任何避險基金的投資組合。

後來有一家避險基金公司接受了挑戰，時間從 2008 年到 2017 年為止，最終巴菲特贏得了這場賭注並全數捐給慈善機構。巴菲特個人還在遺囑中寫下給妻子遺產的處理方式，「**把財產的 90% 都投資在標普 500 指數基金上，剩下的 10% 投資美國短期國債。**」

讀到這裡你也會發現，本書的觀點十分支持一般投資人採用指

數投資來累積財富的。一般投資人平時有自己的工作，沒有辦法像全職投資人那樣有充足的時間去學習投資和理財知識。若選擇指數化投資，只需要了解投資標的的特性是否符合個人需求，便可以進行投資，獲取和市場相同的報酬。

也許有人會產生疑問，「這本書的內容，會不會根本是偽科學？」如果一本書的作者，認為自己的理論可以解決所有的投資疑惑，任何投資都可以用這套方法來處理，也就是這套理論永遠不會倒、適用所有情境、遇到問題都可以自圓其說的理論，那不就是波普（Sir Karl Raimund Popper）認為的，無法反證的偽科學了嗎？

我們先來搞懂有哪些事情無法反證，也跟科學無關：

1. **廢話**：比如明天的天氣不是下雨就是沒下雨。這句廢話沒有解釋世界的什麼現象，也無法反證，所以是不具科學精神的廢話。

2. **數學**：例如 1 + 1 = 2，這件事絕對正確，也無法反證。

3. **定義**：在一個圓中，從圓心到圓周上任何一點所連成的線段

稱為這個圓的半徑，亦即圓周上任一點到中心的距離必定相同。這件事情絕對正確，也無法反證。因為如果你可以證明圓周上任一點到中心的距離不同，那這個圖形就不是圓形，也就不適用圓形半徑的定義。

綜合以上可以確定，本書不是數學。我引用了眾多學家的觀點來解釋科學精神，解釋什麼情況具備或不具備科學精神，就像解釋了什麼時候會下雨，什麼時候不會下雨，所以應該也不是廢話。

既然不是廢話、數學，那麼本書應該是一種「定義」，定義了投資是一種科學，講解了科學發展的結構。

我只是把孔恩（Thomas Samuel Kuhn）《科學革命的結構》一書中對於科學演進的解釋，套用在投資科學而已。也因為有了定義，所以明確的指出哪些狀況適用此定義，哪些狀況不適用（孔恩也提供了一套不同於哲學、看待科學問題的思路），我們用這套思考方式去分析問題，解決問題。

當定義清楚，有了一套思考方式的原則，自然就知道思考並解決問題的規則是什麼。任何的投資問題都是因為定義的不清楚，

所以造成了各種困惑。

　本書的用意就是要設下定義以及一套思考方式，讓投資人有所依循，所以自然也就形成表面上一種「可以處理任何問題」的現象了。

3-6 依據價值投資典範 重新檢視「傻多存股法」

如果以本書的論點來審視我上一本書《傻多存股法》，會有什麼樣的結果？我想從書中的個別章節來逐一檢視（詳見表1）。

若利用本書的論述分析《傻多存股法》這本書的內容，可以找出其中的優點以及不足之處。

對於資金控管、長期投資的觀念值得參考

在價值投資典範的指導下，我們可以明確知道哪些項目很重要，哪些項目不重要。所以我們可以依照典範的這些要求，找到傻多投資法的優點。

譬如，如何培養長期投資的正確心態？如何以正確的心態建立財富自由的觀念？如何控管資金？本業收入的精進、長期督促自己保持信念、定期追蹤財務的方式等等，都是價值投資人可以參

表1 傻多存股法用歸納法優化財富自由計畫

以本書論點審視《傻多存股法》內容

章節	目錄	分析
第1篇	建立基本觀念	
1-1	善用本業收入＋選股＋時間　45歲達成財富自由	設定財富自由目標，規畫達成目標的途徑
1-2	永遠看多不看空　靠「傻多投資法」長期獲利	說明傻多存股法的由來
1-3	拋棄舊有教育思維　催生「自由世代」	建立財富自由的信念
1-4	設定投資目標　是開始賺錢的關鍵轉捩點	釐清觀念，設定「正財」屬於價值投資學派，「偏財」屬於技術分析學派。不同學派世界觀互不相同也無法比較，是兩個不同的世界
1-5	想長久賺到錢　務必建立自己的投資邏輯	在價值投資的典範指導之下，進行解謎。以自己擁有的知識，說明如何尋找具有長期投資價值的股票
1-6	掌握2大主軸　建立一籃子存股組合	說明如何建立傻多存股法投資策略
第2篇	制定人生計畫	
2-1	把存股當事業經營　老後不需為錢煩惱	強調及早為人生制定財富自由的理念，並建議可透過長期存股實現
2-2	以6年為單位　制定人生階段規畫表	定義各人生階段須努力的方向，將財富自由定位為人生重要課題。從因果關係找出若要達成「被動收入100萬元」目標（果），則需有6個要件（因）配合
2-3	財富自由要件1》養成節儉習慣	說明第1項要件，財富自由需要靠投資達成，若能養成節儉習慣，減少非必要支出，則能有更充裕的資金用於投資

章節	目錄	分析
第4篇	管理計畫進度	
4-1	用3張表建立財務管理系統 輕鬆掌握計畫進度	分享如何使用表格管理的科學方法審視執行進度
4-2	定期更新與優化系統 縮短財富自由達標時間	使用歸納法，歸納過去績效，進而推估未來的狀況，然後找出優化的方法
4-3	發現計畫不如預期 設法找出解決之道	使用演繹法，將過去資料做整理，找出這些資料內的問題所在
第5篇	解決實戰問題	
5-1	心理面向》換個角度思考 解決3大族群常見疑問	從心理面向探索投資的困惑，主要是來自於對於典範的不確定
5-2	執行面向》運用3策略 實際投資不慌亂	從執行面向分析實際投資時會遇到的問題，並嘗試利用傻多存股法的原則解決
5-3	選股面向》從模仿開始 逐漸建立自己的投資風格	從選股面向探討如何從典範學習，並找到適合自己的選股方式
5-4	槓桿投資》善用股票質押 加速放大存股資產	分享股票質押的做法。由於對價值投資來說，使用槓桿、借錢投資，似乎和典範相違背的事情。這個章節可視為說明「異例」出現的原因以及處理方法
5-5	實例分享》掌握逢低布局機會 買進45張台積電	
5-6	持之以恆》長期主動選股 才能培養投資敏感度	

考學習的地方。

　　傻多存股法的選股方向以穩健產業的績優龍頭股為主，輔以長期投資的規畫，以及持有多檔股票自組成類 ETF 的布局方式，也

有著指數投資學派當中分散風險的精神。

不足之處共有3點，可持續向典範學習

不足之處則有以下 3 點：

1. **基礎投資理論背景說明不足**：我的投資方法是學習自價值投資學派，但是《傻多存股法》書中並未提到對於價值投資基本理論的闡述，並且只學習到價值投資典範的一小部分——長期投資概念與資金配置。至於選股（研究績優公司的產業前景以及競爭優勢等）、估價（分析個股價值，藉此判斷股價遭低估）這兩大面向都沒有詳盡的研究，這也是傻多存股法接下來最需要補強的部分。

2. **對於如何學習與累積知識的論述不足**：書中並未提到如何學習和累積相關知識的方法。

3. **對於財富自由因果關係的闡釋不夠清晰**：要達到未來的目標（果），則必須回推到應具備什麼樣的前因才能達成，而這些前因作為結果，又需要更多的前因來滿足這個前因（詳見圖 1）。

圖1 **從「後果」可以不斷回溯「前因」**
因果關係圖

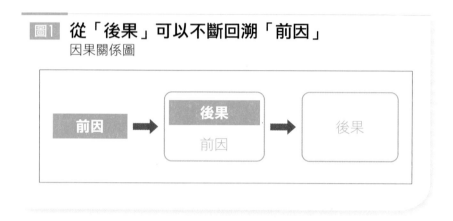

《傻多存股法》書中在各章節提到跟財富自由有關的因果關係，若能以圖 2 的關係圖呈現，會更加清晰。充分了解財富自由的因果關係後，將有助於做出更有組織性的人生規畫。

我認為一個人投資要能成功，一定要有一套自己的投資系統。我長久以來就是依照自己的世界觀，去建構適合我使用的投資系統，因此我將它寫成了《傻多存股法》這本書。但是這套投資系統過去能成功，5 年後、10 年後，在不同的時空背景下，是否能持續有效？其他人如果想要學習，是否也能同樣成功？這些是我不斷思考的問題，所以我不敢停止學習，希望能夠持續優化與補強自己的知識及投資系統。

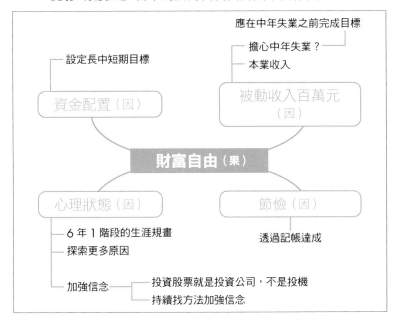

圖2 要達成財富自由的結果，背後有多種原因
《傻多存股法》書中對於財富自由的因果關係圖

達爾文（Charles Darwin）的進化論是廣為世人接受的物種進化概念——「適者生存、不適者淘汰」，各物種為了存在於世界上會持續演化，無法適應環境變化則會遭到淘汰。我也嘗試為自己過去的投資歷程畫出了如圖 3 的發展史。

那麼，把「傻多存股法」視為一個投資方法的假說，未來會怎麼發展？如果我繼續只靠自己摸索，未來在宏觀的歷史進化中（詳見圖４），有可能發展成一套超越波克夏的價值投資方法嗎？自然是不可能，波克夏無疑是價值投資者遵循的典範，而且還在持續進化。而我的努力方向就是繼續向典範學習，設法補強傻多存股法的不足之處，以避免遭到淘汰。

投資達人的存在價值，是協助散戶學習投資典範

如果已經有典範，那還需要投資達人嗎？我認為是需要的。同樣都是投資股票，為什麼很多散戶會失敗，而有些投資達人得以成功致富？仔細觀察，多數的投資達人也是先向典範學習，並親自嘗試之後，發展出了適合自己且長期有效的投資系統，並且用一般人能夠接受的語言，分享自己的投資之道，也可說是知識的傳遞。

每位投資達人的成功結果，都由各種原因匯集而成，包括對知識的理解程度、對個人或家庭財務的掌控能力、遇到危機時的處理方式……等。別說世界上沒有第 2 個人能複製巴菲特的功績，其實一般人也很難完全複製他人的投資績效，但這不是我們不學

圖3 **建立傻多存股法前，經歷了3階段**
傻多存股法發展史

◎2000年～2006年　　**投資摸索期**

嘗試多種投資商品
陸續投資股市、國內外共同基金、外匯、黃金……等

◎2007～2008年　　**投資現股**

同步嘗試2種投資方式
1.部分資金買低賣高賺取價差、2.部分資金嘗試存股

◎2009～2022年　　**傻多存股法**

先確立投資策略
1.選擇穩健的高殖利率股票、2.長期持有股票領股息降低成本、3.開源節流，加強本業收入並控管生活開銷

後優化投資策略
1.分散持有穩健產業的龍頭股、2.持續長期持有、3.利用股票質押活化資產

習的理由，我們仍然要研究典範、參考投資達人是怎麼學習、理解及運用知識。

就以我的《傻多存股法》為例，書中的投資方法是學習自價值

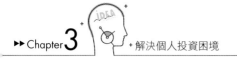

投資典範,強調資金配置與長期投資。假設你也選擇了價值投資當作投資典範,而你需要長期投資的心理建設及資金規畫的建議,就可以將此書納入學習的參考。

有了典範的指導,就會知道你欠缺什麼。這些缺乏的部分,不同達人擅長的領域不同,找到適合你學習的達人,你的弱點就可以補強。

舉個例子,某位投資人偏好價值投資,對於挑選績優公司及尋找買點有獨到的能力。而他的弱點在於對資金控管不良,以及長期投資的心態不穩定,或許他就可以參考傻多存股法來補強自己的弱點(詳見圖5)。

當你沒有典範概念的時候,你無從判斷眾多投資達人的優缺點,自然就不知道從何學習起。投資達人自己若也能夠藉由典範這個概念,明確指出自己的著作、文章或影片,是闡述哪一種典範的某種內容或原則,將能更有效率的幫助其他投資人更快找到他們需要的東西。

有了典範的指導,無論是新手或茫然的投資人,學投資時就能

圖4 傻多存股法師出價值投資學派

股市投資學派分支圖

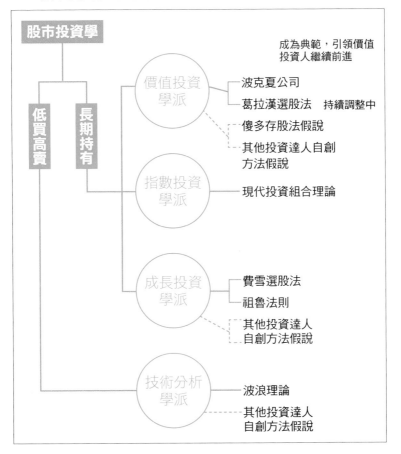

有原則和依循。投資達人的價值在典範的指導之下，才能產生意義。否則，投資達人一旦缺乏典範，就只會變成互相爭論的偽科學而已。

財富自由後繼續賺錢的理由

這篇文章的最後，我想回答一個網友曾經對我提出的疑問，當時是《傻多存股法》出版之後，有網友問，「你已經財富自由，為什麼還要繼續賺錢？」

為什麼我還要繼續賺更多錢？如果努力賺錢只為了將來買一輛保時捷，那我不要買保時捷不就好了？

當時我無法回答這位網友的提問，直到有一天我騎機車，通過一個路口之前，眼前交通號誌的燈號瞬間轉換到了黃燈。這時候我選擇了煞車，而在我身旁的另外一個騎士選擇加速往前。於是我停在原地，而那位騎士雖然通過了這個路口，卻也又在我前方不遠處的路口遇到紅燈而停了下來。

看著他遠去的背影，我思索著，他闖過這個黃燈，還不是得在

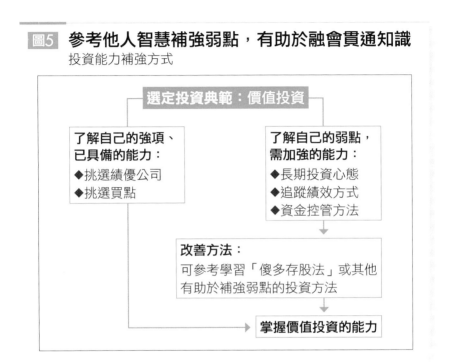

圖5　**參考他人智慧補強弱點，有助於融會貫通知識**
投資能力補強方式

下個路口停下來，到底有什麼意義？

　　「如果我們目標是同個地方，他應該可以比我早 10 秒鐘騎到目的地。」這是我想到的答案。但是如此積極的提早 10 秒鐘到達目的地，換成是我，也只不過是回家後待在沙發上休息的時間

多出 10 秒而已，時間又不能儲存。

　　我瞬時想通了，多出來的時間不能儲存，但是多賺的錢卻可以存下來。就算我現在用不到，還是可以存下來供未來使用，也有機會讓我未來的人生更美好。

　　例如，我可以繼續研究投資，設法提升投資報酬率累積更多財富，也可以繼續在寫作方面發揮熱情並賺取版稅收入，收入可以存起來或是繼續投資，等到需要使用的時候就能派上用場。如果幾年後當我想再出一本書發表新的看法，可能會因為出版社跟我理念不同而不願意出版，到時候我就可以自費出版。

　　金錢對我來說是用來獲得智慧、分享快樂和解決問題的工具，讓我們的人生專注在想專注的事情上。有了願景，金錢作為一項工具才有價值。

　　有看過股神巴菲特相關報導的投資人應該都知道，巴菲特住在老房子、開著老車、吃速食時還會使用折價券，可是他也擁有私人飛機。老房子和老車子，他覺得沒什麼問題，可是長途旅行時會浪費時間在等候飛機，所以他會用錢買私人飛機，解決他不耐

久候的問題。

　更重要的是，巴菲特身為全球最富有的人之一，他為什麼還要繼續當波克夏的董事長，幫助公司的市值繼續成長？而他擁有的財富也不可能花用殆盡，他怎麼處理那些財富？

　從新聞報導可以看到，他除了留一部分財富作為遺產，還捐出了大筆財富。2023 年 6 月 22 日美國媒體《CNBC》報導，巴菲特在 2023 年向 5 個慈善基金會，捐出了他所持有的部分波克夏股票，且自 2006 年以來他累積捐贈的財產已經高達 500 億美元。我想對他而言，在財富自由之後繼續賺錢的意義，除了能讓他持續沉浸在投資這項終身志業，更重要的應該是為世界上其他人創造更美好的人生。

3-7 搭配指數投資 輕鬆獲得市場平均報酬

　　如同前面章節所表達的，在探索了更多關於科學、哲學、基礎投資學的知識之後，我發現自己的存股方法還有可以進步的空間，因此在繼續研究投資的同時，我也開始嘗試將大約一半的存股部位轉為指數投資，也就是存個股以及存 ETF 這兩種策略雙管齊下。

　　指數投資的精神在於，投資人透過被動式的指數型基金或 ETF，可以直接參與市場的波動與成長，目標不在於超越大盤，而是在於獲得貼近市場表現的報酬。

　　指數投資之父約翰・柏格（John Bogle）最早在成立先鋒公司、推出指數型基金的時候，其實也不太受到華爾街看好。然而時間證明，指數投資儘管無法超越大盤，但是卻能夠打敗眾多主動式操盤的基金經理人，這也讓市場上接受被動式指數投資的族群愈來愈龐大。

在開始指數投資前，先建立4觀念

在投入指數投資之前，必須先了解以下幾項重要觀念：

1.指數投資並非快速致富的工具

指數投資是一種歸納過去績效，並預測未來能得到市場平均報酬的投資方法，需要利用複利和時間來累積財富，以達到長期增加整體財富的目標，不要抱有快速致富的錯誤期待。

2.指數投資並非以領息為主要訴求

台灣投資人對於領息情有獨鍾，因此投資個股時偏愛高殖利率股；投資共同基金時喜歡高配息基金；投資 ETF 也特別喜愛高股息型 ETF。而指數投資的基本精神在於獲取市場平均報酬，不會特別鎖定高配息標的，殖利率也普遍偏低。

3.指數投資必須進行股債配置及再平衡

指數投資除了追求獲取市場平均報酬，也重視風險的平衡，因此會採取「資產配置」來減少持有期間的資產波動。而資產配置的精神，就在於同時持有負相關性的資產，最常被用來搭配的就是「一籃子股票」搭配「一籃子債券」。

　　歷史上大部分的時間裡，股票和債券呈現負相關。股市的多頭時期，通常伴隨著景氣好、利率走升，此時債券通常會下跌；反之，股市空頭時期則伴隨著景氣不佳及利率降低，此時債券就會上漲。

　　指數投資者會先為股債設置好持有比重，當股票漲多時，就賣出部分股票，同時轉買下跌的債券，讓股債重回到原本設定的比重，這種做法就是所謂的「再平衡」。

　　再平衡的做法等於是強迫你在股票上漲時停利，並且逢低買進下跌的債券。到了景氣不佳、股市進入空頭時，債券的帳面價值有機會上漲，又可以將漲高的債券賣出，買進下跌的股票資產。

　　一般投資人都會遇到股票大漲但是捨不得停利的情況，只能看著帳面價值一路上升又一路下跌；而股市進入大空頭時，又不見得剛好有大筆資金能逢低進場。使用股債配置與再平衡，不但能在股票上漲時賣出獲利，並在債券下跌時低價買進，這樣反覆操作，讓股票和債券的資產接力向上累積。

　　一般投資人若沒有充足的功力，很難做好「選股」和「找買賣

點」這兩件事。要是採取被動式的指數投資法，除了能省去選股的困擾，也有簡單的買賣時機可以依循。

4. 留意資金的配置，以免影響到長期投資計畫

由於指數投資是一種長期投資策略，且不是以領息為主要的投資策略，因此我們需要妥善處理短期的資金需求，以免其影響到長期的投資計畫。特別是在股票市場出現系統性崩盤時，若事先保留一定程度的現金儲備，便可避免為因應生活費用或短期支出而被迫出售股票。

考慮到現金儲備的重要性，債券也可被視為短期資金的一部分，以應對可能發生的股市系統性崩盤（詳見圖1）。

當我們需要資金時，首先會使用活期存款帳戶的資金，如果不足，則會用定期存款帳戶的資金來補充。台灣股市近 20 年並沒有出現連續 3 年的系統性崩盤情況，因此我目前的現金儲備是預留 3 年基本生活費的金額。然而，由於這部分現金存放在銀行內，而銀行的利率較低，某種程度上也表示我們失去了投資的機會。

因此，我們可以將一部分資金配置到債券中，將債券視為現金

的延伸，並將其納入股債配置中。透過定期的再平衡，我們可以實現資產累積的目標。這樣一來，我們既能保持一定程度的現金儲備，同時也能利用債券的投資特性，為資產增長帶來潛在機會。

指數投資人會投入其認為會長期向上成長的市場

指數投資在某種程度上，可以視為對「是否相信典範」的辯論。典範代表著眾人根據過去累積的經驗和方法形成的共識，無論是國家的典範、業界的典範還是科學的典範，只要是典範，就是在某個領域中被視為領導者、值得眾人學習和效法的對象。

典範當然也可能崩壞，就像國家政權世代交替一樣。孔恩（Thomas Samuel Kuhn）就提出了典範形成的原因和崩壞的過程，因此在典範崩壞之前，往往會出現徵兆。我們不需要害怕接納典範，因為事發必有因，結果必然可追溯，只要時刻觀察，我們就能提早發現典範崩壞的跡象，做好預備。

以台積電（2330）為例，當該公司技術不再領先、市占率或毛利率大幅下降、市場和科技進展不再需要半導體時，意即台積電面臨愈來愈多無法解決的問題時，就構成了典範危機。蘋果

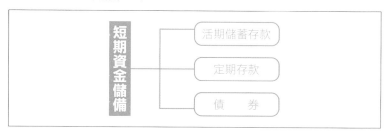

圖1　短期資金可放在活期儲蓄存款、定存和債券

短期資金儲備方式

（Apple）也是如此，當該公司的新產品不再受人追捧、推出的新產品缺乏創新功能、其服務不再受歡迎時，這些跡象很容易被大眾發現。因為典範形成必然有其原因，當這些原因消失時，典範也將消失。

　　了解典範形成的原因，也了解典範崩壞和轉移的過程，我們心裡就不會出現「典範突然崩壞」的不理性恐懼。

　　而指數投資這個典範相當的簡單，也就是相信所投資的市場會長期成長。例如，願意相信美國會一直是強權和國家的典範，就會願意只投資於美國單一市場的 ETF。而相信全世界經濟會長期

成長的人，就會選擇投資於全球指數型 ETF。

閱讀3部經典，更有系統地學習投資

在尋找投資典範及學習指數投資時，我們一定會有很多疑問，與其自己想破頭，不如先參考其他人是如何解決這些問題的。我認為最有系統的學習方式就是通過閱讀西方經典著作開始，以下是我個人推薦必讀的 3 部作品：

1.《科學革命的結構》

本書作者是第 1 章介紹過的孔恩，透過這本書可以認識科學典範的形成、確立、危機以及革命的過程。這個過程不僅解釋了科學領域，我甚至認為可以將其應用到投資領域，甚至是我們的人生中。如果沒有典範的概念，那麼指數投資只會淪為老王賣瓜自賣自誇的現象。

每個人都說自己的投資方法最好，到底誰才是正確的呢？沒有典範的概念，投資人可能還會想要自創投資招式，幻想自己的投資績效可以超越股神巴菲特（Warren Buffett）。所以這本書指出了普羅大眾應該依循的方向，有了目標，才知道該如何學習。

2.《漫步華爾街》

作者是波頓・墨基爾（Burton Malkiel），描述投資市場從起初到現在的發展過程。通過這本書，我們可以了解股市投資的市場和環境，深入了解投資的本質──分辨出哪些是欺騙，哪些是虛幻，並讓自己明白所處的投資階段和環境。

3.《約翰柏格投資常識》

這本書是學習指數投資必讀的作品，作者約翰・柏格以自身經驗講述了投資的概念，並介紹如何透過指數投資實現穩定的財富增長，同時也揭示了基金經理人如何利用專業愚弄甚至操控一般投資大眾。通過閱讀這本書，可以充分了解為什麼需要進行指數投資。

想要進一步拓展投資思維以及建立指數投資的世界觀，以上 3 本書將能幫助你對投資世界有全新的認知。

而在台灣的投資界，最具代表性的達人非「綠角」莫屬。想要獲取豐富的指數投資相關知識，也推薦到「綠角財經筆記」網站一訪。

3-8 克服指數投資2大心理障礙 長期穩定累積財富

　　存股和指數投資雖然都是採取長期投資策略，但因為投資方式的差別，讓兩派投資人經常彼此爭論，兩者最大的不同點就在於前者是「主動式投資」，後者是「被動式投資」（詳見表1）。

　　存股是主動選擇有穩定配息的股票，以獲得高於定存利率的配息。更有企圖心的投資人則會特別存具備成長性的股票，希望股息與價差同時賺，然而總報酬（股息收入＋價差收入）能否打敗大盤終究視個人能力而定。我想以下3點是最吸引投資人存股的理由：

　　1.領股息領到零成本：買一檔績優股可每年獲得穩定的殖利率5%，領20年股息就能拿回100%當初投資的錢，之後領到的股息都是多賺的。

　　2.有長久的被動現金流：存績優股領股息，就像擁有一棵果樹，

表1 **被動式投資主要投資於市值型ETF**
主動式vs.被動式投資

類型	目標	投資標的
主動式	資產成長，最好能超越大盤績效	自行選股組成投資組合，或購買有經理人主動選股的共同基金
	股息收入	高殖利率股票、高股息型ETF
被動式	透過指數投資法獲取貼近大盤表現的平均績效	市值型ETF

這棵果樹每年都會結出很多果實。不管股價如何漲跌，只要我們不砍倒果樹，每年都還是有果子可以吃。

3. 只要公司不倒，就能一直領股息：只要選對好公司，公司不倒閉、不掉入衰退趨勢，那就可以長期持有穩穩領息。就以存金融股來說，我們敢把錢存在銀行，表示不怕這家銀行倒閉。如果不擔心它倒閉，那麼當這家銀行的股東，長期領到的股利肯定比定存利息還要多。

指數投資可享3優點，但股息多半較少

指數投資則是被動投資於「市值型 ETF」，持有一籃子股票，

籃子裡的股票怎麼選、怎麼淘汰，都是交由所追蹤的指數決定，以元大台灣 50（0050）為例，就會選進台股前 50 大市值的股票。市值型 ETF 的長期績效會貼近所投資的市場表現，股息就不會是考量重點。這種投資方式吸引人的理由如下：

1. **不用自己選股**：投資人不用花時間研究財報，不需為選股傷腦筋，只要選擇欲投資的市場即可。只想投資台灣股市就買 0050、富邦台 50（006208）；只想投資美國股市就買先鋒標普 500 指數 ETF（VOO）、先鋒美國整體股市 ETF（VTI）；想要投資全世界就買先鋒全世界股票 ETF（VT）。

2. **可輕鬆獲得市場平均報酬**：不用忙進忙出，只要買進後長期持有，就能輕鬆獲得整個市場的平均報酬。

3. **風險分散效果佳**：投資 ETF 就是投資一籃子標的，不怕單一標的出現倒閉風險。而且，指數投資人通常會同時配置股票及債券這兩個具有負相關性的市場，有助於維持資產市值波動的穩定度。

而除了存個股，還有一派以領息為目標的投資人，為了省去選

股麻煩，會選擇投資高股息型 ETF，例如元大高股息（0056）、國泰永續高股息（00878）、元大台灣高息低波（00713），近幾年都是台灣投資市場的寵兒。

高股息投資或存股，以及指數投資都是不同典範，我也無意特別為不同典範比較優劣，但是當投資人在做出選擇之前，還是可以好好認識它們之間的差別。

例如存股投資人認為自己不想再花時間研究公司基本面，或缺乏對選股的信心時，可能會開始投資高股息型 ETF，不需要自己選股也能每年享受穩定的現金流進帳。

而有些存股投資人在開始接觸被動式的指數投資後，雖然對於獲取市場平均報酬感到心動，當真的要下單時卻又裹足不前，無非是因為以下兩大心理障礙：

障礙1》股息減少

由於市值型 ETF 的殖利率低，甚至有些海外 ETF 不配息（成分股配發的股息直接滾入淨值）。若原本存股可以獲得 1 年 50 萬元股息，換成買市值型 ETF 就少了這筆被動現金流。

障礙2》有現金需求必須賣股求現

如果投資人剛好需要用到 50 萬元，就得賣掉價值 50 萬元的 ETF 換現金才行。

投資要解決數學問題，更要解決心理問題。其實，不管是領息或是賣股求現，同樣都是從投資標的當中取出一筆錢。我們直接看兩種情境的比較（詳見表 2）。

情境 A 是「領股息」獲得資金，情境 B 是「賣股求現」獲得資金。假設兩者獲得資金之後，股價都上漲 20%，兩者的市值還是相同。因此，領息和賣股是一樣的事情。多數人心理上最無法接受的原因是「賣股之後會減少持股數量」，但是透過數學計算可以知道，賣股之後雖然股票數量減少，卻不會像情境 A 有除權息而使股價降低，因此整體市值仍然相同。

況且，以投資台股而言，投資人獲得的股息收入，要被課徵個人綜合所得稅，稅率依個人所得而定，最少是 5%。而賣股票則是付給政府千分之 3 的證交稅。而當單筆股利高於 2 萬元，還要被政府收一筆健保補充費（2023 年費率為 2.11%）。從數學角度來看，領股息要支付的稅費會比賣股票的代價更高。

表2　賣股求現不會比領股息更吃虧
領股息vs.賣股求現

情境A》領股息		情境B》賣股求現	
股數（股）	1,000	股數（股）	1,000
市值（元）	100,000	市值（元）	100,000
殖利率（%）	5	殖利率（%）	0
股息（元）	5,000	賣股籌措資金（元）	5,000
除息後股價（元／股）	95	賣股後股價（元／股）	100
除息後股數（股）	1,000	賣股後股數（股）	950
除息後股票市值（元）	95,000	賣股後股票市值（元）	95,000
除息後市值＋股息（元）	100,000	賣股後市值＋現金（元）	100,000
除息後上漲20%之股價（元／股）	114	賣股後上漲20%之股價（元／股）	120
除息後市值（元）	114,000	除息後市值（元）	114,000

註：本表試算未計入手續費與相關稅金

指數投資追求成長，不追求穩定配息

我們再思考另一個問題，通常能夠穩定配發高股息的多半是成熟型的公司，因為公司不會有高成長，所以會把賺到的錢分配給

股東。而還在成長的公司,會把賺來的錢投入到公司營運追求繼續擴張,這樣未來就能創造更高的獲利。

假設甲公司已不在成長期,每年的每股盈餘(EPS)大約都是5元,賺來的5元都會配給股東,股價也長期維持在100元。

而乙公司第1年的每股盈餘也是5元,市場給予20倍本益比,股價約在100元上下。由於公司還在成長,決定將盈餘再投資。到了隔年,乙公司的每股盈餘從5元增加20%到6元。如果市場同樣給予20倍本益比,那麼股價就有很大的機會漲到120元。乙公司的股東雖然沒有領到5元股息,隔年公司卻因為獲利再投資帶來盈餘成長,帶動股價漲到120元,股東反而得到20元的獲利。

市值型ETF投資的是整個市場,無論是美國或台灣,當中都有許多還在成長期的公司。當眾多公司的獲利成長,就會帶動股價及市值的增長,根據過去的績效觀察,長期而言都比投資高股息公司可以帶來更高的收益。

了解以上兩個觀念,希望能幫助投資人們解決對於指數投資的

不安。只要有把握能夠長期投資，那麼追求市場「成長」的思維，透過時間與複利獲取市場報酬、穩定累積財富，自然是會一個正確的方向。

回歸個人風險承受度規畫資產配置

那麼，指數投資該怎麼做合理的股債配置？當股票型資產占比較高，可獲得較高的報酬率和波動度，因此可按年齡或風險承受度來決定比重。最常見的配置方式如下：

年輕族群：股 8 債 2。

中年族群：股 6 債 4 或股 7 債 3。

退休族群：股 4 債 6 或股債各半。

而股票型資產要買哪種指數型基金或 ETF？不以配發股息為重心且追求企業成長，是美國股票市場的顯著特點，約翰・柏格（John Bogle）和巴菲特（Warren Buffett）都有提到可投資美國市場。

而《Smart 智富》月刊也曾在 2014 年刊登約翰・柏格的專訪

文章，內文提到：

「問：如果能長期投資、盡量分散風險，就能累積不錯的退休財富？

答：是！你可以透過指數型基金，持有整個美國股市。或者如果你願意，也可以透過指數型基金買進世界股市，或是台灣1/3、1/3 美國市場、1/3 其他市場……可以有各種組合。」

根據我們觀察，有不少指數投資人認為只押注單一國家仍有風險，因此投資於全球市場的 ETF 更可將風險盡可能分散，這就視個人的認知和策略而定。

債券型資產的部分，如果認同美國市場，那就投資美國公債的 ETF，台股就有發行多檔美債 ETF。若想要讓風險更分散，那就投資布局於全球的債券 ETF。

資產配置還是回歸到個人的理解與風險承受度。就以我個人來說，指數投資在美國市場已經發展數十年，且美國市場明顯展現低配息高成長的特點，因此我在股票型 ETF 的配置上，是以投資

美國市場為主，再搭配全球股票型 ETF。

債券型 ETF 的部分，我則是同時投資兩檔，分別是投資於美國債券市場的 Vanguard 總體債券市場 ETF（BND），以及全球債券市場的 Vanguard 全世界債券 ETF（BNDW）。

事實上，我並沒有把所有資金都投入在指數投資當中，截至本書出版前，除了我仍然有一筆中短期資金是透過質押借款方式投資台積電（2330），其他的長期投資資金當中，則有一半是繼續存台灣的個股、高股息 ETF；另一半投資海外的部分，也只先撥出 60% 做被動式的股債配置，另外 40% 則是選擇投資科技股 ETF 及波克夏公司的股票（詳見圖 1）。

指數投資的支持者對於我這樣的配置可能不太認同，因為我在投資組合中選擇了一些主動投資或購買高股息的 ETF，甚至重倉持有台積電的單一公司股票。

我在上一本書中提到過，我在確定發展長期存股的傻多存股法之前，我曾經同時執行「做價差」和「存股」，然後比較它們的績效，最終我選擇了績效較好的存股策略。在科學研究中，兩種

圖1 棒喬飛海外資產配置目前以美國市場為主
棒喬飛長期資產配置現況

棒喬飛長期資產配置現況

- 股票質押借款 —— 台積電（2330）
- 國內（透過台灣券商）50%
  - 高股息 ETF（00878、00713）50%
  - 其他個股 50%
- 海外（透過美國券商）50%
  - 債券 10%（BND、BNDW）
  - 股票 90%
    - 全球市場 25%（VT）
    - 美國市場 25%（VOO／VTI）
    - 科技類股 15%（VGT）
    - 主動投資 25%（BRK.B／其他個股）

理論相互競爭時，一般會根據支持證據的多寡或解釋能力的優劣來確定哪種理論更可信。因此我在調整投資策略時，也會透過競爭的過程，了解需要如何調整，幫助我確定自己內心的方向。

像是我不會沉迷於短期投機的價差交易，因為我曾經失敗過，

知道自己並沒有那樣的天賦。透過這種嘗試的過程，也不是為了要客觀比較哪種策略更好，更大的作用在於更了解自己，讓自己的投資系統往更舒服的方向發展。

也因此我目前的資產配置比重，是我現在心理上最能接受的狀態，經過一段時間之後也可能會再做出調整。簡而言之，只要充分了解到，被動式的指數投資可以讓資產隨著市場成長穩定增值，主動式的投資則有機會讓你獲得比市場更高、也可能更低的回報。最終，要將多少金錢投入指數投資？占總資產多高比重？還是由你自己來決定。

解惑7大常見投資問題
找到明確思考方向

3-9

在撰寫這本書時，我從 FB 粉絲專頁和 LINE 社群收集了一些常見的投資困惑，歸類後找出其中最具代表性的問題，希望能從本書的論點去排除這些困惑。

以下所寫的都是以我個人的世界觀和我的背景知識所做出的答案，希望各位可以用本書的內容，跟著我的思路，一起想想我為什麼會有這樣的想法，道理在哪裡。如果你能認同我的世界觀，相信以下答案可以幫助你排除這些困惑，或者幫助你找到明確的思考方向：

問題1》如何降低高股息的誘惑，更有效配置資金？

Q：2016 年因為健康問題退休，拿到 500 萬元的退休金後陸續買基金及股票。由於曾在 2000 年虧錢的經驗，而一直未敢入場。直到去年（2022 年）初，大家都說空頭來襲，於是我一

路從 1 萬 8,000 點買到 1 萬 4,000 點，但並非按照金字塔式買進，而是倒金字塔買進元大高股息（0056）及國泰永續高股息（00878）。現在，我不知道如何有效運用剩餘的 100 萬元資金。雖然我知道市值型 ETF 總報酬比較高，但仍然不由自主買了一堆配息型 ETF 及投資等級債，只為了配息。但是拿了配息，卻虧了本金。總結來說，我想知道如何有效配置資金，以及如何克服人性所帶來的影響？

A：我認為目前投資市場的學派可分類為 4 種，分別是價值投資、成長投資、技術分析、指數投資；前 3 者都是主動式投資，指數投資則是被動式投資。

一般投資人比較不具備主動投資的能力，因此最簡單的選擇只剩下 2 種：價值投資學派的典範——買進美股中的波克夏（BRK.B），另一個則是買進被動式指數投資的市值型 ETF，例如海外的 Vanguard 全世界股票 ETF（VT，投資於全球）、Vanguard 標普 500 指數 ETF（VOO）及 Vanguard 整體股市 ETF（VTI，後兩者投資於美國市場），以及台灣就能買到的元大台灣 50（0050，投資於台灣市場）、元大 S&P500（00646，投資於美股）等。

波克夏股票和市值型 ETF 都需要長期持有才能看到明顯的績效，如果只想擁有貼近市場的報酬，那麼市值型 ETF 會是更保險的選擇。

然而，退休族很需要有定期的被動收入，也難怪能提供穩定配息的 0056、00878 會大受歡迎。

如果想要同時持有上述標的，要買哪些種類？分別配置多少金額？就要依照你的長中短期資金需求，以及個人管理能力與風險承受度去分配。

而對於如何克服人性所帶來的影響，我想，唯有了解才能克服恐懼。當你真正了解「配息跟賣股的本質相同」、「長期投資勝率較高」、「主動投資等於高報酬是錯誤期待」……等意義，相信都有助於幫你克服人性的影響。

問題2》元大台灣50正2適合長期持有嗎？

Q：如果可以耐得住震盪，元大台灣 50 正 2（00631L）是可以長期持有賺取報酬率的標的嗎？

A：ETF 是一種可在證券市場交易的指數股票型基金，例如 0050 的全名為元大台灣 50 指數股票型基金，追蹤的是台灣 50 指數，而指數成分股就是台灣前 50 大市值的股票。

00631L 則是一種槓桿型 ETF；既然也是基金，我們就可以從發行公司元大投信的網站，了解它的持股明細。基金檔案寫明，它追蹤的是「台灣 50 單日正向 2 倍報酬指數」，成分檔數為「期貨交易所發行之相關期貨交易契約」（詳見圖 1）。

也就是說，00631L 這檔 ETF 所追蹤的指數並不投資於任何股票，它投資的是「期貨交易契約」。從公開說明書則可以看到，它的目標是追求台灣 50 指數「單日 2 倍報酬率」。意思是當台灣 50 指數單日漲 2%，這檔 ETF 會設法透過期貨操作達到 4% 的報酬率；反之，當台灣 50 指數下跌，該 ETF 也會設法達到指數單日下跌幅度的 2 倍。

我沒辦法回答這檔 ETF 能不能長期持有，因為期貨並不在本書討論的股票現貨市場範圍。但是從科學研究的角度來看，當你要獲取一個科學領域的知識，必須先找出典範。若還沒有典範產生，只找得到小型的假說或理論時，就只能先加入相關的團體或社

群,從中累積這個學派的知識。只是,因為缺乏典範,目前已經產生的假說或理論,不見得能提供有效的知識。

據我的觀察,目前期貨的投資市場,並沒有出現被廣為認同的賺錢模式與共識,也就是沒有典範。既然沒有典範,賠錢機率就高;賠錢機率高,投資人會需要常常換理論。而一旦接觸新理論,又要重新更換知識的架構,且仍有很高的賠錢機率。所以結論就是,期貨市場要賺到錢不容易,除非你有天分。

問題3》買台積電卻擔心股價波動,怎麼保持平靜?

Q:我想台積電(2330)5 年後會到 1,000 元,但是它可能會從 400 元漲到 600 元,然後又跌到 500 元,這樣會讓自己的資產忽高忽低,沒辦法穩穩的成長。如何讓自己的心情保持平靜?等待 5 年後的結果?

A:你的心情不平靜,是因為你對台積電會漲到 1,000 元這件事沒信心。沒信心不是台積電體質不好,而是你缺乏胡適精神,你沒有證據證明「5 年後會到 1,000 元」就做出這樣的預測,當然會沒有信心。

圖1 元大台灣50正2持有期貨交易契約

元大台灣50正2（00631L）基金檔案

元大投信 YUANTA ETFs

基金檔案

標的指數	台灣50單日正向2倍報酬指數	基金類型	指數股票型
成立日期	2014/10/23	成立價格	20
掛牌日期	2014/10/31	掛牌價格	19.99
保管銀行	華南商業銀行	Bloomberg代號	00631L TT EQUITY
經理人	李政剛	Lipper代號	68278088
收益分配	否	ISIN代號	TW00000631L0
經理費	1.00%	保管費	0.04%

指數介紹

指數名稱	台灣50單日正向2倍報酬指數
指數名稱(英)	FTSE TWSE Taiwan 50 Daily 2X Index
Bloomberg代號	TW50 Index
編製公司	臺灣證券交易所與FTSE合作編製
成份檔數	期貨交易所發行之相關期貨交易契約
成分股審核與調整	每日

資料來源：元大投信

　　台積電是目前全球晶圓代工產業的龍頭，產業有良好的前景，公司本身市占率高，具備多項競爭優勢，似乎符合價值投資學派的選股條件。所以你需要研究價值投資的典範，然後從典範的原則中，確定台積電是能長期投資的好公司。

　　再來，你要了解價值投資學派是如何評估公司的成長性、如何估算企業價值，再搭配歸納過去的股價表現、市場估值，據此推估台積電未來的股價方向。透過這樣的研究，你就能獲得證據，去推估 5 年後台積電的合理股價。

　　股價在到達你預估的價位之前，當然還是會上下震盪，因為股價是公開市場裡的成交價，每天都會受到各種原因產生波動變化。但是當你具備價值投資學派的知識時，你自然可以判斷這段震盪過程中，公司是否仍具備當初買入時的理由。

　　如果你評估當初買入公司的理由沒有改變，公司的價值並不會因為股價震盪而改變，那麼你自然對於自己的預測有信心。就算一開始的預估可能不太準確，但是因為有典範的指導，你會更努力去學習。隨著一次又一次的預估愈來愈準確，信心就會產生了。這就是我認為的，也是我一貫使用的方法。

問題4》想賺現金流又想要好報酬，該怎麼投資？

Q：想要投資賺現金流，但會犧牲未來報酬怎麼辦？要自組 ETF 好，還是投資現有的大盤指數 ETF ？除了台股市場，是否需要投資美股的 S&P 500 指數？需要搭配債券降低波動嗎？需要再平衡嗎？

A：看起來這個問題像是，想賺錢可是不知道該怎麼做，該選哪一種標的來投資？

我做一個比喻，如果把「想投資賺錢卻不知道該買什麼標的」比喻為「生病想看醫師，可是不知道掛哪一科」來思考，那麼，當你很清楚自己肚子痛，就會知道該掛腸胃科。所以，你現在想投資，就要問問自己，你為什麼想要投資？

如果投資是為了獲得現金流，那麼請再問問自己，你缺的現金流是 20 年～ 30 年後的退休金嗎？如果是，那就設法在退休前有效的累積財富，其中最簡單的就是被動式的指數投資法──參與市場平均報酬，累積長期複利。因此你需要好好學習基本的投資理論、了解指數投資的原理，到時候你自然會知道該買什麼樣

的 ETF、該不該配置債券、該怎麼做再平衡⋯⋯。

學數學，都是從最基本的 1 + 1 開始，不要一開始就學微積分。如果你對理財完全沒概念，建議先不要貿然投資。不妨先學習做好理財規畫，例如判斷是不是該留一筆緊急備用金，其餘可投資的金額，再做短中長期的投資規畫。

就算全身病痛，也得先從最嚴重的病症開始尋求治療方法，沒有瞬間就能消除全身病痛的醫學，也沒有一套投資理財策略，能為我們快速解決所有財務問題。知識是慢慢累積的過程，想要獲得豐碩的成果，就得付出更多努力。

問題5》可以投資當紅的熱門股嗎？

Q：最近 ChatGPT 暴紅，新聞上說一些伺服器概念股業績將來都會很好，像是伺服器代工的股票，這些股票現在可以進場投資嗎？

A：請先了解自己的投資目的，是為了長期投資還是短期投資？如果只是因為新聞熱度，短期看好某些熱門股，認為有炒作空

間，這就是屬於短線投資的範疇。那麼你或許可以好好學習技術分析，找到技術分析的典範，譬如研究波浪理論、道氏理論等等，幫助你做接下來股價的預判。

如果你是想要長期投資，那麼你就需要去研究這些伺服器需求，可以帶來多少的營收和效益？是屬於短期一次性業績？還是能創造長期穩定業績收入？以長期投資的典範標準，去收集相關資料，然後做長期投資的評估。

如果你只是因為看新聞報導想要賭一把，獲利就算運氣好，賠錢就放著無所謂，我只能說這樣的策略一點都不科學。

要是以上答案都沒有幫助到你，某種程度表示你對於長期或短期投資都沒有概念。因為都沒有概念，所以常常賠錢也就不奇怪了，你以為在投資，其實你是在賭博，投資和賭博千萬不要混為一談。

問題6》股利只是拿回自己投資的錢嗎？

Q：股利是左手換右手嗎？

　　Ａ：依照不同的投資典範，長期持有股票並喜歡領取股利的投資人，心理上會把股利比喻成果樹，每年都可以得到收益。即使短期內因為除息而導致股價下跌，但長期來看，股價還是會回到正常水平，股利也會按照時間發放，因此並不是把股票從左手換到右手。

　　然而，就短期的股價變化而言，因為「除權息前」和「除權息後＋股利」的市值是相同的，短線投資人就會認為股利是左手換右手。此外，誰也不能保證公司未來是否會每年如期派發股息，一旦買錯了股票，不僅領不到所期望的股利，還要承受股價不斷下跌的損失。

　　本書一再提到典範之間的不可共量性，因此這個問題並不存在一個所有投資人都能認同的答案。正確的討論方向應該是：

　　長期投資人應該著重在該公司是否可以穩定發放股利，以符合果樹可以持續產出果子的要求。

　　短線投資人應該著重在公司除權息之後的股價表現，以做出買進或是賣出的趨勢預測。

投資人只需要依照各自的典範指導來解決問題，就像看一張鴨兔錯覺圖，短線投資人看的是兔子的形狀，長期投資人看的是鴨子的形狀，不需要爭執這是鴨子還是兔子。

問題7》買進後股價下跌，沒賣就等於沒賠嗎？

Q：如何看待沒賣沒賠這樣的說法？

A：一般大家看到這句話，都是買進之後股價下跌的時候。這時往往會有人說，「沒賣沒賠，過一陣子就會漲回來了。」這樣的說法是正確的嗎？

我們以 4 個不同投資學派的角度來解讀這句話：

◆**價值投資學派**：只要你買的標的正確，譬如波克夏公司的股票，當你買進之後短期雖然虧損，可是長期來說必定獲利。

◆**成長投資學派**：研究短期下跌的原因，是否因為成長優勢喪失所造成的？如果成長動能不變，那麼股價下跌只是暫時的，未來還是會隨著公司成長而上漲。

◆**指數投資學派**：上漲與下跌都是市場正常波動，不須理會，下跌時應該要繼續投資；甚至在超跌時，反而更要加碼，才能參與到整個市場的完整報酬。

◆**技術分析學派**：要判斷下跌的幅度，是否在所預測的波動範圍？如果是，那就繼續觀察。如果不是，那就是做了錯誤的預測，必須馬上停損賣出。

不同的典範世界觀不同，所以就會有不同的看法，我們只要以典範的角度去看問題，自然就會有答案了。

第4章

攜手邁向未來成長

4-1 用6概念尋找投資同好 教學相長累積知識

當你接觸了一套投資方法，但是不確定自己的選擇是否正確，不妨先按照你選擇的投資領域去學習典範，同時，若能在學習過程中找到其他同好一起學習，對於累積知識也將大有助益。

要從事共同研究典範的工作，我認為可以從最基本的讀書會、網路社群及社團做起。例如，要學習指數投資，可以加入 ETF、指數投資社團；要研究價值投資，則加入價值投資相關社團。在社團裡，可以了解別人的想法，你也可以分享自己的新發現，透過彼此討論，一起進步。從事這種社團活動時，我想可以先具備以下概念：

概念1》分享與反饋可促成進步

進步不在於互相的爭論，而在於共同的研究。孔恩（Thomas Samuel Kuhn）在《科學革命的結構》一書中指出一個概念，就

算是一門藝術，比如木雕，若一群工匠集合在一起互相研究、改良工具，就能創造出以前工具無法完成的作品；又譬如寫生畫家聚在一起，討論如何讓風景描繪得更加真實；或是某種人體繪畫的藝術團體，成員互相研究如何將人的形態畫得更唯妙唯肖……這樣的過程，不就是一種知識或技術累積後的進步嗎？

知識的累積從來就不是一個人的活動，而是一個教學相長的過程，雙方都能夠獲得成長。因為一個人要進行知識的分享之前，必先經過自己對於該知識的研究；在產生出文字或影片闡述觀念前，必先經歷整理的過程，這樣的過程會讓作者有了第 1 次的知識成長。

接下來為了讓讀者能夠理解，作者在化繁為簡的過程中，可能會發現自己的論述缺陷或相關知識的不足，這時候就會去補充相關知識，因而得到了第 2 次的知識成長，

讀者閱讀文字或影片之後會提供反饋，讓作者有機會發現自己的不足之處，進而繼續擴充知識，讓作者繼續得到成長。這樣的過程，就是因為有其他人的加入，讓雙方都能有繼續學習成長的機會。

　　若把相同概念應用在投資，從知識產出的過程（詳見圖1）可以看出，由於眾人都擁有相同的典範指導原則與相同的背景知識，所以當投資學專家（老師）A發表某個知識的時候，投資學專家（老師）B可以藉由自己的擅長領域，對這個知識進行加強。而投資學家（學生）A在這個時候就得到了學習。

　　此時投資學家（學生）B可能會提出疑問，或是大家沒注意到的觀點。之後投資學專家（老師）A就會將這個知識進行修正。這修正的結果經過大家的認可，就形成了知識A$^+$，並將這個知識A$^+$存入知識庫中。

　　透過這樣的活動可以看到，一般大眾是無法看到這個知識A$^+$的產出與修正的過程，也不具有相關的背景知識與典範原則，所以他們不了解如何產出這個知識A$^+$。

　　對於讀者而言，若只是單純閱讀他人的文章，那篇文章就只是網路上眾多文章中的其中一篇而已。然而對於產出文章的作者來說，透過自己研究吸收之後再分享給他人這個過程，當中的智慧就會變成自己背景知識的一部分，變成自己世界觀的一部分，這個知識才是屬於自己的。作者和讀者，所獲得的知識成果是全然

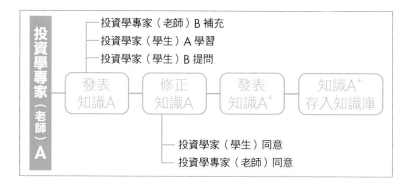

圖1 透過補充、提問，可以讓知識更完整
知識產出的過程

不同的。

　知識的分享不限於發表新知，也可以是對於已知資料的整理與歸納。透過歸納已知的過程，探索智慧，以及先聖先賢對於問題的思考方式。

　我們所學習的典範、建立的知識庫和 SOP，不是為了讓我們建立類似資料庫的東西，讓 Google 或 ChatGPT 可以搜索到這些資料。如果這個世界上已經有類似的資料存在於網路上，那為

什麼我們還要在網路上建立另一筆相同的資料呢？如果建立自己的資料庫可以得到答案，那為什麼現在這些資料已經存在於網路上，我們還是不知道我們想要的答案是什麼？所以，顯然原因不在於資料是否存在。

　　藉由加入投資社團或社群這樣的活動，可以整理我們的思路，了解典範思想的進路，學習到以前這些典範的智慧，然後將這些智慧放進知識的寶庫內。當遇到問題時，則可以從寶庫累積的智慧，去思考現在的問題及解決方法。

概念2》掌握如何學習的方法

　　愛因斯坦（Albert Einstein）曾說，「智慧不是上學讀書的產品，而是終身努力追求的成果。」我們在學生時期學的東西，出社會之後會發現很多知識沒有用處，難以學以致用。因為企業使用的工具和方法，和學校教的有很大的不同。

　　根據《天下雜誌》在 2011 年第 410 期訪問台積電（2330）創辦人張忠謀的報導〈張忠謀：有目標、有紀律、有系統的終身學習——大學生該學什麼？〉（作者：李雪莉、謝明玲），文中

提到，「他說，自己在哈佛大學、麻省理工學院（MIT）求學的經驗，學到兩樣重要的能力，就是懂得如何學習以及獨立思考。」

我們在學校，需要學會的事情是「學習的方法」。學校的課程很多，如果能快速掌握學習的方法，找出通用的處理原則，那麼將來遇到相似的問題，就能用原則去處理。投資行為也是一樣，掌握原則，學習思考的脈絡，就算你得到錯的結果，也能從錯誤中學到知識。

概念3》同溫層環境有助於去除雜音

人類是一種具有感情的動物，我們都需要別人的情感支持。有相同理念、想法以及價值觀的人相處在一起，就能彼此理解然後互相支持。這就是同溫層，或是舒適圈的存在。

而從事研究工作，最不需要的就是別人的酸言酸語。在當今網路發達、知識流通快速的時代，在網路上發表一篇看法或見解，馬上會招致不同價值觀的人的攻擊。他們沒有站在別人立場，去了解別人的世界觀，單純以自身情緒的發洩去發表他們的極端言論。這對於想從事研究的人來說，得不到任何有用的資訊，反而

會讓自己追求目標的信念動搖。

　　所以，透過充滿同好的社團裡，可以建立自己的舒適圈、同溫層，待在這個溫暖的環境中好好做自己想做的事情，研究想研究的東西。有相同理念的人跟我在一起、做一樣的事情，讓研究知識的過程中充滿快樂，這不是很美好的事情嗎？

概念4》學會正確看待典範

　　或許有人會說，研究典範，不就是把典範當作投資聖杯嗎？我認為，投資聖杯就像是太陽──太陽普照大地，只要陽光所到之處世界必定光亮，所以投資聖杯的投資策略所及之處，必定獲利。然而，我覺得典範就像是一輛能帶我抵達目的地的汽車，我開這輛汽車前，必須先搞懂使用手冊。不僅如此，上路之後，我還要注意路況與地形環境，趨吉避凶，這輛車才能帶我四處探索、成功抵達目的地。將觀念和定義搞清楚，我們就知道如何對待典範。

概念5》彼此尊重，學習解讀異例

　　當我們處在一個社團，所有參與者建立起一個遵守學術倫理、

尊重不同觀點和見解、公正平等、開放多元的學術環境，就能夠自由地交流意見和經驗，互相學習和啟發。不僅可以共同研究典範，還能擴大典範的適用範圍。

由於典範是在某個特定環境下所造就的產物，因著時空背景和地區的差異，不同的典範會面臨水土不服的問題。為了解決這些異例，我們需要對典範和相關知識有深入的掌握，從而分析和修正典範，或者加上一些原則來調整。

例如，巴菲特（Warren Buffett）不喜歡短線操作，但在2022年Q3時卻買入了台積電，在2022年Q4又賣出了持股。他不喜歡科技股，但又為何會買蘋果（Apple）呢？這些異例都是很好的研究主題，可以讓我們更深入地了解典範的指導原則和適用情況。

概念6》效法科學家的精神

性格決定命運，你的個性和價值觀決定了你的投資方法，同時也決定了你是否能夠貫徹一個理念並取得成功。簡單來說，一個人是否能夠實現自己設定的目標，性格占有決定性的因素。

　　科學家對因果關係的執著與堅信，造就了他們追根究柢的精神。如果一個生病的人詢問醫師原因，而醫師卻回答説不知道，或許只是個人運氣不好？這樣的答案誰能接受呢？在生活中，當我們遇到事情發生時，總是在尋找原因，因為我們相信原因造成結果。但是當談到投資時，卻有許多人不相信因果關係的存在，認為投資只是一種類似賭博的機率遊戲。如果真是這樣，那麼你所做的只是賭博而非投資。

　　如果想要像科學家一樣進行科學研究，那就必須要對因果關係有堅定的信念。

　　要像一位科學家一樣，才能進行科學研究。

4-2 ▶ 透過2社群平台 共同進入研究投資科學的環境

　　根據孔恩（Thomas Samuel Kuhn）對科學環境的描述，投資人必須在同一個典範的指導下進行討論和研究，才能積累知識。因此，如果你在「非典範」的投資社團學習，是無法有效獲得知識的。像目前台灣的投資環境，部分投資達人雖然聚集了一些群眾，可是這些群眾彼此之間並沒有一起進行研究，反而是將投資達人視同教宗一般的崇拜，這樣的結構和氛圍，並無法累積知識。

　　而不同派別的投資人因為忽略了「典範之間的不可共量」的概念，還會互相攻擊。比如近年來高股息 ETF 在市場上熱銷，追求高股息的投資人自成一派，就有另一派投資人認為投資不能僅關注股息收益，而該同時考慮股息和股票報酬。兩派人馬對於投資的基本定義爭論不休，終究無法達成共識與進步。

　　事實上，遵循不同典範的投資人不需要彼此爭論，認同高股息策略的投資人，只需要專注在如何讓目前執行的策略愈來愈好就

可以了。因為有共識，不會再爭執基本定義，例如，他們可以專心研究哪一檔 ETF 的配息策略更有效，探討收益平準金對配息的影響……等。成員之間相互研究，將能促成高股息投資法的知識累積，讓這套投資法缺點愈來愈少，投資績效愈來愈好，幫助大家一起進步。

因此隨著本書的完成，我也想要為投資這門學科做出更多努力，我想建構一個研究投資科學的環境，在這個環境裡，共有兩個平台：一個是「研究機構」，另一個是「社會教育機構」。

研究機構》FB社團「投資科學研究所」

第 1，在研究機構的部分，我建立了一個 FB 社團「投資科學研究所（註 1）」為平台，希望邀請讀者一起加入（加入方式詳見附錄）。這個社團將依照孔恩及他的著作《科學革命的結構》對於科學史的描述為典範，應用到投資學這門學科，讓大家漸漸從有眾多學派的常態科學前典範時期，進入後典範時期，也就是從眾多投資理論中找到典範。

既然要從事研究，就希望對於投資理財的基礎知識有一定程度

的了解。若完全沒有基本知識，那就像是完全不懂數學的人要一起研究微積分，學習過程會很辛苦也難以持續。

在我的構想中，社團成員們會進行知識的學習與研究並公開分享，也可以不定期舉辦研討會，交流彼此的想法，並從不同的專家身上學習新的知識。

研討會的形式可以是在社團裡留言互動、利用線上會議軟體聊天，例如 Microsoft Teams 或 Zoom，也可以是租用會議室進行實體的研討會，視研討會的內容而定。此外，每次研討會都會有固定的主題，由不同的專家分別來主講，讓成員們可以從各方面獲得豐富的知識，進一步提升投資能力。

社會教育機構》FB粉絲專頁「傻多棒喬飛」

第 2，在社會教育機構的部分，則用我的 FB 粉絲專頁「傻多

註 1：FB 社團「投資科學研究所」網址為 http://www.facebook.com/groups/invspirit/。

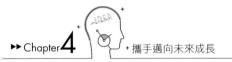

棒喬飛（註2）」作為平台。一般投資大眾來到這裡，就像是進入圖書館，可以從中得到他們需要的資訊。比如想要了解相關專家對於某個新聞事件的看法，或是想要尋求專業人員的知識，就可以在這裡找到需要的資訊。

以價值投資為例，如果已經有了如同巴菲特（Warren Buffett）一般的典範，那麼價值投資者們就可以開始進入了常態科學的後典範時期。這時期的投資人要做的就是依循典範的指導，進行解謎（Puzzles solving）的工作。

解謎，就是把拼圖拼起來、拼完整，就像是馬賽克拼貼，看似雜亂無章的照片組合在一起，就能得到清晰的圖像。我們每個人負責一張照片，一定有一天可以完成這個圖像。液晶電視的畫面，就是由無數獨立的小光點組合而成的，只要結合上千上萬的點，就會變成一個面。科學就是這樣，像是土法煉鋼的方式，將圖像慢慢拼湊和累積出來。

註2：FB 粉絲專頁「傻多棒喬飛」網址為 https://www.facebook.com/jovihsu01。

　　單靠一個人的力量很難將制度和方法建立起來，同樣的道理也適用於投資領域。科學從來都不是只靠一個人就能夠打造出來的，正如牛頓（Sir Isaac Newton）、愛因斯坦（Albert Einstein）發明偉大的理論，但他們仍需要許多科學家共同協作將這些理論推展至更高層次。

　　投資也一樣，需要大家的支持和加入，一起將台灣的投資環境從聽信明牌口耳相傳，邁向一個新的、正確的方向，創造新的里程碑。透過大家的共同努力，我們可以建立一個良好的知識庫，進而建立一套可行的 SOP，以獲得更穩健和長期的投資成果。因此，讓我們一起團結協作，為投資領域打造一個更好的未來。

透過學習哲學提升自我，實現 3 目的

　　我也持續在進行提升自我的活動，第 1 項是進入「哲學領域」。

　　為什麼我會為了投資而接觸哲學呢？被譽為「近代心理學之父」的美國心理學家威廉‧詹姆斯（William James）曾經說過：「思想決定行動，行動決定習慣，習慣決定性格，性格決定命運。」不同的投資行為，必然需要不同的投資性格來相互配合。

一個不喜歡冒險的人，自然不會以高風險投資作為其理財策略。所以，了解自己的個性、規畫好未來方向，並掌握不同投資學派的世界觀，才能在投資之路上走得舒適順利。這代表著我們必須為自己的人生擘畫一個明確的藍圖和遠景，並選擇適當的工具以順利達成目標。

由於現今社會型態愈來愈複雜，我們有時難以對自己未來的人生做出有信心的規畫，而對於各種投資工具和方法的了解也不足，就像是想去旅遊但不知道該去哪裡或該帶哪些行囊一樣。我們只是隨便搭一輛公車，去到一個不知名的景區後發現這裡並不好玩，希望換車到另一個景點，但卻不知道自己真正想去哪裡。這樣混亂的投資人生怎能不失控呢？

所以我才希望將哲學納入投資的學習藍圖內。我個人已通過民國 112 學年度哲學系研究所在職專班的考試，將於 2023 年下半年成為哲學研究所的新生。我想透過哲學達成以下目的：

1.訓練思考能力

透過學習哲學，我相信可以提升自己的思考能力。哲學探討的議題廣泛，包括倫理、政治、美學等領域，這些都是與我們日常

生活息息相關的問題，並且也是社會上經常討論的議題。透過研究這些問題，我可以獲得不同的觀點與思考方式，進而培養出更加深入、全面的思考能力。

此外，我也可以了解到各種不同思想流派和哲學家的見解，進而拓展自己的知識，讓我在面對複雜的問題時，能夠更有建設性的思考與解決問題。

2.發表正式論述

研究所期間最重要的事情就是發表論文，因為它是展現研究成果的最佳方式。論文完成後會交一份到國家圖書館收藏，代表這份論文是國家教育機構認可的研究報告，是這個國家的智慧資產。我希望藉由論文的發表與認證，證明我在這本書所闡述的論點是正確的。

3.成為哲學諮商師

要探究自己的思維並澄清概念，自我對話是必不可少的。如果能夠與另一個自己進行對話，就能夠更深入地思考與理解問題。因此，我認為學習哲學諮商是一項非常重要的技能，透過學習哲學諮商，可以培養出適當的溝通技巧、有效解決問題的能力，以

及幫助他人思考的能力。如果成為一位哲學諮商師，未來可能會需要對其他人進行觀念的闡述、疑難的排解，或是提供相關的諮詢服務，將能為更多人帶來幫助。

第 2 項提升自我的活動是持續「自主學習」。投資學是一門涉及財務、經濟、管理等多方面知識的學科，因此許多大學都會設置投資學概論等相關課程，作為通識課程供學生學習。我計畫繼續深入學習，包括透過線上課程或圖書館的資源來提升知識，包括指數投資、投資學、價值投資等，進一步提升自己的投資能力，同時希望藉由與讀者們教學相長的過程，和大家一起進步。

Note

你在投資，還是賭博？

　　在寫完這本書之後，我感到非常沉重。因為書中最簡單的結論就是，如果你不具備相關的專業知識，那麼投資就等同於賭博。

　　這本書勾勒出了投資世界的組成與架構。整個投資世界就像是一部龐大的機器，以往我們看到隨處散落的零件，都不知道各種零件對於機器運作有沒有影響？是不是重要的零件？了解投資機器的架構之後，以往四處散落、造成困擾的投資問題全都歸位了。這是寫完這本書之後，我自己得到的最大收穫。

　　無論是初入股市的新手，或是已經投資幾年卻始終抓不到資產成長要領的人，可以好好想想，是否只是看看文章和網路影片就自認為很懂投資，實際上並沒有好好學習相關的投資知識，且幾乎都是靠著聽信小道消息進行投機的行為？

　　如果不具備成熟的技術分析學派相關知識，那麼短線操作不會

是讓你致富的手段。明明知道自己缺乏短線買賣的能力，仍強行投資股票以謀求短期獲利，這種行為明顯很不理性，跟賭博沒有兩樣。

同樣的，如果辨識成長股對你而言是非常困難的事，那麼想要靠成長股迅速致富也只能是天方夜譚。

那麼，自學價值投資有辦法賺大錢嗎？如果潛心學習公司的基本面分析、熟悉特定的產業前景，且長期績效有可能超越波克夏（BRK.A／BRK.B），或許會是一條值得努力的路。

然而，若你發現就算自己再怎麼努力，都難以勝過價值投資典範波克夏的投資績效，甚至連大盤績效都比不上，那麼自學價值投資，顯然也不會為財富增長帶來多大的幫助，還不如直接投資波克夏股票，或者是投入指數投資——這就是散戶投資人們必須面對的現實，雖然有些令人落寞，卻是最為理性的選擇。

當然，如果你還是想挑戰短期獲利，那就要花功夫研究技術分析學派的理論，而不是每次都用猜測和直覺去做短期買賣的決策。對於想要做投資研究、從事主動投資的人，不管是成長投資

學派或價值投資學派，我在書中也已明確指出了各種投資典範的方向。

本書的論點可能會令一般投資人感到失望，致富的確沒有捷徑，要複製他人的成功也沒有想像中容易。事實上，如果你真的感到失望，那實際上是一件好事，這意味著你正確地認識到投資這門科學的本質，並真正理解為何過去的投資總是失敗。

本書的中心思想在於支持孔恩（Thomas Samuel Kuhn）的論述，可是礙於本書著重在投資的面向，所以對於孔恩在科學的論述與歷史案例的研究上，著墨較少。如果想要更進一步了解孔恩的理論，可以參考《科學革命的結構》一書，對於科學的演進有非常精彩的論述。

透過本書，我想經由描述投資世界的架構，進一步幫助你釐清自己的投資方向，並且運用到人生中。當我們能夠勾勒出美好人生的架構，讓人生中各種問題都能夠歸位，就能找到清晰的人生方向。

就像我在書中提到的，金錢是一個實現人生目標的工具，而不

是人生目標本身，我們應該以正確的價值觀來看待金錢，並關注自己未來的人生規畫。金錢通常與幸福、成功等美好的事物相關聯。然而，如果只是一心為了賺錢，卻忽略了自己的健康、家庭和社交生活，反而會得不到真正的幸福和成功。

祝福大家，也祝福我，都能找到屬於自己美好的人生。

FB社團「投資科學研究所」加入說明

　　我所設立的 FB 社團「投資科學研究所」，成員加入最基本的要求很簡單，只要是這本書的讀者就可以了，對核心科學精神理念有共同的認知，一起研究才有意義。所以如果你有興趣加入社團，手邊可以準備好《散戶進化入門：致富必學的投資思維》這本書，在申請加入 FB 社團時，回答指定問題。

圖解教學　　加入FB社團「投資科學研究所」步驟説明

如果以《傻多存股法》這本書為範例，可能會出現這樣的問題：❶「《傻多存股法》的第13頁，文章最後一個字是什麼？」也可能會是❷「《傻多存股法》的第13頁，由上到下，從左到右，頁碼之外，所有數字的排列為何？」

範例1	傻多存股法的第13頁，文章最後一個字是什麼? ❶　　　　……
	男
	請勿在這裡輸入你的密碼或其他敏感資訊，即使投資科 學研究所的管理員要求你提供也一樣。　　取消　提交

範例2　傻多存股法的第13頁，由上到下，從左到右，頁碼之外，所有數字的排列為何？

你可以選擇一個選項

○ 2262009342460603467121318192̆4

○ 548845147763315478933214̆42

○ 632574123369785123641975136542̆5

○ 9214783655713658475235̆4

STEP 2

此時只要翻到書籍指定頁面第13頁，就能輕鬆找到答案。像是範例1的答案就是❶「男」，範例2的答案就是「2262009342460603467121318192̆4」（黃底處）。

只要手中有書，就一定能很快找到答案。這是為了確保加入社團的會員都有購買或正在閱讀本書，以保證社團成員對本書內容有一定的了解。如果只是想單純獲取知識而不想參與研究，那麼也可以選擇加入FB粉絲團「傻多棒喬飛」，就不需要進行申請和審核。

**以6年為一單位
制定人生階段規畫表**

在2009年34歲的某一天，我突然有一個想法——為什麼在24歲之前的學生時期，社會或政府是以6年作為一個階段去規畫的？大部分的人，人生的階段大概都是這麼過的：

◎0至6歲：忙著認識這個世界，學習和這個世界相處，忙著和自己的身體溝通；其中，0至3歲為家庭教育，4至6歲進入幼稚園。

◎7至12歲：就讀國小，和同班同學一起生活，學著加入這個社會。

◎13至18歲：就讀國中和高中，充實基本知識。

◎19至24歲：接受高等教育，探索興趣與專業技能；男❶

013

接續下頁

STEP **3**

成為社團成員後，如果要發表文章，會需要請大家依照分類，正確使用FB的「#tag」功能，方便其他成員搜尋文章。

相關説明可點選FB社團的❶「參考指引」選項，就能看到關於社團知識庫使用方式的解説。例如「投資科學研究所」FB社團初成立時，已經先建立兩份參考指引：一份是有關❷「知識庫的架構」以及❸「文章tag的設立原則」。另一份是有關❹成員的自我介紹。期待所有社團成員在加入研究後，能夠盡情分享，透過彼此教學相長，共同累積更豐厚的投資知識。

資料來源：Facebook 社團頁面、《傻多存股法》

國家圖書館出版品預行編目資料

散戶進化入門：致富必學的投資思維／棒喬飛著. --
一版. -- 臺北市：Smart智富文化，城邦文化事業股份
有限公司，2023.07
　面；　　公分
ISBN 978-626-97439-0-2(平裝)

1.CST: 理財 2.CST: 投資

563　　　　　　　　　　　　　　112010765

Smart智富
散戶進化入門：致富必學的投資思維

作者	棒喬飛
主編	黃嫈琪

商周集團	
執行長	郭奕伶
總經理	朱紀中

Smart智富	
社長	林正峰
總編輯	劉 萍
總監	楊巧鈴
編輯	邱慧真、施茵曼、林禹盈、陳婕妤、陳婉庭、 蔣明倫、劉鈺雯
資深主任設計	張麗珍
封面設計	廖洲文
版面構成	林美玲、廖彥嘉

出版	Smart智富
地址	104 台北市中山區民生東路二段 141 號 4 樓
網站	smart.businessweekly.com.tw
客戶服務專線	（02）2510-8888
客戶服務傳真	（02）2503-5868
發行	英屬蓋曼群島商家庭傳媒股份有限公司城邦分公司

製版印刷	科樂印刷事業股份有限公司
初版一刷	2023 年 7 月

ISBN	978-626-97439-0-2

定價 320 元